KB015945

철학, 도시를 디자인하다 1

20세기 비엔나에서 고대 아테네까지
유럽으로 떠나는 2500년 서양 철학 이야기!

철학, 도시를 디자인하다 1

초판 1쇄 발행 · 2008년 11월 20일 ┃ 초판 3쇄 발행 · 2010년 7월 15일
지은이 · 정재영 ┃ 펴낸이 · 홍석 ┃ 펴낸곳 · 도서출판 풀빛
기획위원 · 채희석 ┃ 책임편집 · 최양순 ┃ 디자인 · 마루한 ┃ 마케팅 · 김명희, 홍성우

등록 · 1979년 3월 6일 제8-24호 ┃ 주소 · 120-818 서울시 서대문구 북아현 3동 177-5
전화 · 02-363-5995(영업), 02-362-8900(편집) ┃ 팩스 · 02-393-3858
전자우편 · pulbitco@hanmail.net ┃ 홈페이지 · www.pulbit.co.kr

ⓒ 정재영, 2008

ISBN   978-89-7474-431-1 04160
        978-89-7474-430-4 (세트)

이 책의 국립중앙도서관 출판시도서목록(CIP)은 e-CIP 홈페이지(http://www.nl.go.kr/cip.php)에서
이용하실 수 있습니다. (CIP제어번호: 2008003418)

지은이와 협의하여 인지는 생략합니다.
책값은 뒤표지에 있습니다.

철학, 도시를 디자인하다

20세기 비엔나에서 고대 아테네까지
유럽으로 떠나는 2500년 서양 철학 이야기!

정재영 지음

1

풀빛

1

2

유럽 철학 여행을 떠나기 전에

여행 짐 꾸리기

이 책은 그림책이다. 철학의 역사를 그림책 넘기듯 또는 영화 구경하듯, 재미있고 생생하게 전하고자 했다. 그런데 그게 가능할까? 그것도 철학적 깊이를 크게 훼손시키지 말아야 한다는 단서가 붙는다면? 어렵다. 불가능한 주문인지도 모른다. 그래서 생각해 낸 꾀가 철학 여행이다. 일단 가볍게 떠나자. 철학이라는 말에 지레 겁먹지 말고 여행 배낭 먼저 꾸리자.

우리는 열두 곳을 여행한다. 하나만 빼면 모두 유럽에 있는 도시들이다. 그래서 이 책은 유럽 여행책이기도 하다. 유럽의 역사는 어떤 점에서는 도시의 역사다. 유럽의 역사는 고대 그리스와 로마의 도시국가에서 첫 페이지를 열었고, 그 후 중세 공간에서 하나 둘 세워진 도시들이 점과 점으로 연결되어 오늘의 유럽이 형성되었다. 민족과 국가가 하나가 된 이른바 '민족국가'가 출범한 것은 유럽에서는 근대 공간에서 일어난 사건이다. 이것이 우리가 국가를 기본 단위로 하지 않고 도시 중심으로 여행을 떠나는 이유다.

여행 짐을 쌀 때 꼭 집어넣어야 할 준비물이 있다. 세계 지도와 역사 지도다. 틈나는 대로 짬짬이 지도를 끄집어내 보아야 하기 때문이다. 여행에서는 지금의 위치를 계속 확인하는 게 필수다. 그래야 길을 잃더라도, 방향 감각을 상실

하더라도 다시 중심을 잡고 여행을 계속할 수 있다.

세계 지도는 한 손에 잡히는 간편한 게 좋다. 그러나 역사 지도는 두툼한 책자로 된 것이 더 나아 보인다. 역사 지도는 어느 특정 시점에서 세계를 그린 그림이다. 이번 여행은 도시를 가로지르는 도시 기행인 동시에, 시간을 넘나드는 역사 기행이기도 하다. 가깝게는 우리가 태어난 20세기를 탐사하지만, 멀리는 오디세우스처럼 기원전의 에게 해를 돌아다니기도 한다. 이것이 그때 그곳의 세계를 그린 그림, 곧 역사 지도가 필요한 이유다.

여행 오리엔테이션

우리가 떠나는 여행은 형식적으로는 도시 기행의 성격을 띠고 있지만, 내용적으로는 시간 여행의 성격이 더 강하다. 이 말은 여행의 기본 준칙이라고 할 수 있는 공간 이동의 편의성을 전혀 고려하지 않았다는 뜻이다. 우리가 이번에 탐사하는 유럽의 도시들은 한 시대의 전형으로서의 도시다.

예를 들면 이렇다. 우리가 찾는 아테네는 오늘의 아테네가 아니다. 기원전 5세기 소크라테스가 거닐던 아테네의 거리다. 우리가 탐사하는 피렌체는 콰트로첸토, 곧 15세기의 피렌체다.

다행스럽게도 유럽 대부분의 도시들은 역사의 흔적을 잘 간직하고 있는 편이다. 아니, 더 정확하게 말하면 그 도시가 가장 영광스러웠던 황금시대의 모습을 그대로 유지하고 있다. 로마는 지금도 로마 제국 시대의 자부심이 숨 쉬는 곳이고, 암스테르담은 이 도시의 황금시대인 17세기 풍광을 훼손하지 않고 있다. 이러한 점은 빅토리아 시대의 골격을 그대로 유지하고 있는 런던과 합스부르크 왕조가 공간 구획한 비엔나에서도 그대로 드러난다. 만일 유럽 도시들이 자신의 황금시대의 모습을 가지고 있지 않았다면, 도시를 통한 철학의 시간여행을 포기했을 것이다.

그 점에서 이 책은 기본적으로 철학의 역사를 탐사하는 서양 철학사 책이다.

시간을 넘나드는 여행에서는 무엇보다 '지금은 몇 시인가'를 알려 주는 시계가 필요하다. 이 책은 역사를 고대와 중세, 그리고 근세로 구분 짓는 통상적인 분류를 그대로 따른다. 그러나 과거에서 현재로 흐르는 시간의 방향을 그대로 따르지는 않았다. 오히려 그 반대 방향에 가깝다. 먼저 현대를 살펴보고, 그 다음에 근대를 들여다보았다. 먼 과거인 고대와 중세는 뒤로 미루었다.

역사를 탐구하는 여행에서는 표준 시간을 정하는 것이 중요하다. 우리 여행은 그 표준 시간을 '근대'에 맞추었다. 과학이 탄생하고, 인간의 존엄성에 기초한 민주주의가 제도적으로 시작하는 출발점인 근대를 표준 시간으로 정한 것이다. 뉴턴 역학이 이 무렵에 시작하고, 모든 인간은 태어날 때부터 자유롭고 평등하다는 이념이 이때부터 퍼지기 시작했다. 우리가 지금 너무나 당연하게 여기는 '생각의 표준'은 근대 시기에 체계적으로 정리되었다고 나는 생각한다.

근대를 표준 시간으로 정한 또 하나의 이유가 있다. 그것은 지금 우리가 살고 있는 세계가 유럽에서 시작해 전 세계로 퍼져 나간 근대의 산물이기 때문이다. 양의 동서를 떠나서 우리가 사는 세계는 과학에 의존하고 있으며, 정치 질서로는 민주주의, 경제 질서로는 시장경제를 그 기본 틀로 하고 있다. 한국 사회도 예외는 아니다. 우리는 대한민국 정부 수립 이후에 근대화와 민주화를 양대 이념 축으로 달려왔다.

서양 지성계에서는 지난 세기말부터 근대와 탈근대 논쟁이 불붙었다. 단순화의 위험을 무릅쓰고 이 논쟁을 한마디로 말한다면, 우리가 지금 살고 있는 세계가 우리가 표준 시간으로 정한 근대의 연장이냐 아니면 단절이냐 하는 것이 그 핵심이다. 물론 근대가 정한 '생각의 표준'이 과연 바람직한 것이냐, 아니면 위험한 것이냐 하는 논의도 함께 담고 있다. 지금도 현재 진행형으로 진행되고 있는 이 '뜨거운 감자'에 대한 논의를 어떻게 바라볼 것인가? 그것을 외제 자동차 수입하듯 그대로 소개하는 것도 경계해야 하지만, 마치 강 건너 불구경하듯 우리와 상관없는 저들만의 잔치로 보는 것도 나는 함께 경계한다. 근대와 탈근대의 문제는 이제 한물간 서양 철학계의 논쟁이 아니다. 바로 지금 우리의 문제다.

여행의 목표

가볍고 산뜻하게 떠나자고 한 여행이 벌써 무거워졌다면 미안하다. 그러나 이 문제는 언젠가는 부딪칠 수밖에 없는, 그래서 결코 피할 수 없는 문제다. 모든 여행의 귀결은 항상 나로 돌아오게 마련이다. 이번 철학 여행의 종착점도 우리가 제대로 여행을 하고 있다면 결국 우리의 정체성을 묻는 것이 될 수밖에 없다고 나는 확신한다.

그래서 이번 철학 여행의 목표를 딱 하나만 꼽으라고 한다면, 나는 서슴없이 우리의 정체성을 발견하는 것이라고 말하고 싶다. 그러기 위해서는 지금, 그리고 여기에서 우리의 눈으로 철학 여행을 해야 한다. 시간의 순서를 뒤집어서 철학 여행을 하는 근본 이유도 바로 여기에 있다.

따지고 보면 과거의 역사를 되돌아보는 일도 결국은 '지금'을 알기 위한 것이고, 우리가 살고 있지 않은 다른 지역을 여행하는 것도 우리가 살고 있는 '여기'를 재확인하는 일이다. 이번 유럽 철학 여행의 최종 목적도 다르지 않다. '지금' 그리고 '여기', 그리고 '우리'를 알기 위한 것이다. 이 책을 덮을 때쯤이면 여러분 모두 우리는 누구인가 하는 물음에 대한 단서를 하나쯤은 움켜잡기를 기대한다.

여행 미션 – 동사로서의 철학

여기서 조심스럽게 접근해야 할 대목은 우리의 눈으로 철학 여행을 한다는 말이다. 이것은 물론 서양 철학을 무비판적으로 수용하는 것을 경계하자는 뜻을 포함하고 있다. 그러나 서양 철학을 '동양' 또는 '한국' 철학의 눈으로 바라보아야 한다는 것으로 오해하지 말기를 당부한다. 나는 이렇게 서양과 동양, 또는 한국을 대립 항으로 보는 생각에는 결코 동의하지 않는다. 생각의 도구로서의 철학에는 동양과 서양의 차이가 엄존하지만, 생각하는 힘으로서의 철학에는 동서의 차이가 없기 때문이다.

순서로 보면 가장 먼저 제기해야 할 질문이었지만, 나는 여기서 철학의 시간 여행이 과연 가능한가를 뒤늦게 묻는다. 돌려 말하면, 시대를 뛰어넘는 철학의 대화가 가능한가 하는 물음이다. 더 간명하게 묻는다면, 철학은 시대를 뛰어넘는가 하는 질문이다. 나는 그렇다고 믿는다. 생각하는 힘으로서의 철학은 시간의 장벽을 뛰어넘는다. 그래서 철학의 시간 여행이 가능하다고 본다.

그러나 다른 한편, 철학은 시대를 반영한다. 이런 맥락에서 철학은 그 시대의 아들이요, 딸이다. 생각하는 도구로서의 철학은 시간의 제약에서 자유롭지 못하다. 우리나라 선인들은 이理와 기氣라는 틀로 생각하는 힘을 키웠다. 고대 그리스에서는 질료와 형상이라는 틀로 생각을 가다듬었다. 이런 점에서 시대의 산물인 철학은 그 시대를 정리하는 일을 맡기도 했다. 그래서 특정 시대, 특정 문명에는 그에 맞는 철학 체계가 있다.

우리가 '지금' '여기', 그리고 '우리의 눈'을 강조하는 것은 생각의 도구로서의 철학에 너무 사로잡히지 말자는 뜻이다. 나는 '생각하는 힘으로서의 철학' 또는 '생각하는 과정으로서의 철학'이 철학의 본질에 더 가깝다고 본다. 물론 '생각하는 도구로서의 철학' 또는 그 생각의 결과로 나타난 철학의 내용을 깎아내릴 의도는 없다. 더욱이 그 둘이 물과 기름처럼 확연히 구분되는 것도 아니다. 생각의 틀과 그 결과물이 없다면, 생각의 힘은 드러나지도 않을 것이고 생각하는 과정도 없을 것이다. 힘과 도구, 과정과 결과는 하나의 현상을

13

다른 각도에서 부르는 표현이다.

문법 용어를 빌려 표현한다면, 생각하는 힘과 과정으로서의 철학은 '동사動詞로서의 철학'이다. 생각하는 도구와 결과로서의 철학은 '명사名詞로서의 철학'이다. 우리가 생각한다는 것은 항상 동사 행위다. 그러나 생각이 드러나고, 전달되는 것은 명사로서의 철학이다.

나는 이 책을 그림책이라고 했다. 이 책을 유럽의 도시를 여행하는 여행책이라고도 했다. 또 타임머신을 타고 떠나는 생각의 시간 여행이라고도 했다. 이 모든 것은 철학을 쉽게 전달하기 위한 수단이다. 여기서 '쉽게 전달한다'는 것은 쉬운 말로 어려운 철학의 내용을 요약 정리하겠다는 뜻이 아니다. 나는 가장 쉽게 철학 이야기를 전달하는 방법은 동사로서 철학하는 즐거움을 주는 것이라고 믿는 사람이다. 동사로서의 철학에서 즐거움을 느낄 때, 생각하는 힘이 커지고 생각하는 과정도 명징해진다. 바로 그때 철학이 가장 쉽게 전달된다고 믿는다.

남이 먹기 좋게 꼭꼭 씹어서 한입에 넣어 주는 철학은 생명력이 약하다. 그것은 철학의 본질과도 거리가 멀다고 생각한다. 또 그것을 철학의 대중화라고도 생각하지 않는다. 그런 다이제스트 식 철학으로는 다른 생각의 체계를 가진 이들을 제대로 이해할 수도 없고, 소통에도 어려움이 따른다. 무엇보다도 자신의 정체성조차 찾기 힘들다.

　만일 이 철학 여행에서 한 보따리 가득 찬 철학 선물을 기대한 이가 있다면, 나는 정중하게 그런 선물은 없다고 말할 수밖에 없다. 유감스럽게도 여러분이 품에 가득 소중하게 안고 가야 할 철학 선물은 없다. 물론 받아쓸 내용도 없고, 꼭 외우고 넘어가야 할 숙제도 없다. 내게는 그런 능력이 없고, 또 그럴 의사도 없다. 그러니 가벼운 마음으로 산뜻하게 떠나자. 가슴만 크게 열면 된다. 이 철학 여행의 마지막 장을 덮으면서 나는 여러분이 철학의 즐거움을 느끼기를 진심으로 바란다.

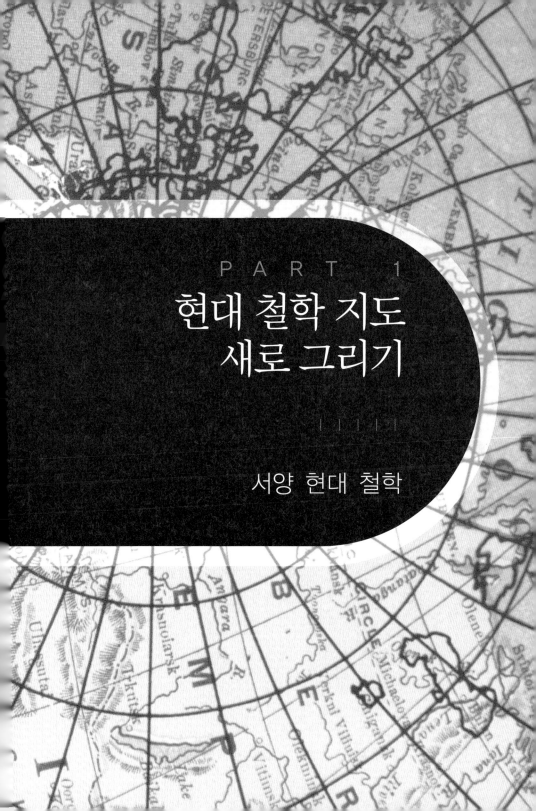

PART 1
현대 철학 지도
새로 그리기

ㅣ ㅣ ㅣ ㅣ ㅣ

서양 현대 철학

오 스 트 리 아 Austria

CHAPTER 1

이 세상에 풀 수 없는
수수께끼는 없다 ∷ 비엔나

비엔나는 근대의 빛과 그림자를 동시에 가진 두 얼굴의 도시다. 이 점이 근대 유럽 문화를
대표하는 다른 도시들과는 다르다. 피렌체는 중세의 길고 긴 터널을 벗어난 근대 여명기의 기쁨이
가득하다. 런던은 세계 표준을 만든 주역 도시로서의 긍지가 넘친다. 그래서 근대가 가진
이중성을 읽기에는 비엔나가 제격이다. 유럽의 동서와 남북의 문화가 비엔나에서 교차하듯,
근대가 가진 빛과 그림자는 비엔나에 잘 녹아 있다. 마치 이질적인 요소를 결합해서
우아한 모양과 맛으로 변화시킨 비엔나커피처럼.

1 ·····

비엔나에서 스핑크스를 만났다. 길 가는 사람에게 아침에는 네 발, 점심에는 두 발, 저녁에는 세 발로 걷는 짐승이 무엇인가 하는 수수께끼를 내고, 답을 말하지 못하면 사람들을 잡아먹었다는 반인반수의 괴물이 벨베데레 궁을 지키고 있었다. 그녀가 왜 여기에 있을까?

스핑크스가 있어야 할 곳은 이집트가 아닌가? 그렇다. 굳이 스핑크스의 고향을 따지자면 이집트라고 해야 할 것이다. 가장 크고 오래된 스핑크스도 이집트 기자 평원에 있다. 그러나 세계 7대 불가사의 중 하나인 기자의 스핑크스가 워낙 유명해서 그렇지, 스핑크스의 흔적은 고대 오리엔트 지역 곳곳에 남아 있다. 스핑크스의 수수께끼는 그리스 테베를 배경으로 한다. 그 수수께끼를 푼 사람은 아버지를 죽이고 어머니와 결혼한다는 저주받은 운명을 안고 태어난 테베의 왕자 오이디푸스였다. 영원히 수수께끼를 풀 수 없을 것이라고 생각했던 스핑크스는 오이디푸스의 입에서 '인간'이라는 정답이 나오자 너무 분하고 억울해서 강물에 뛰어들어 죽었다고 한다.

스핑크스는 날개 달린 사자의 몸과 인간의 머리를 가진 하이브리드hybrid(잡종)다. 동물 중에서 가장 힘센 부분만 쏙 떼어내서 만든 잡종이다. 이집트의 절대 권력자가 그들의 사후 세계를 지켜 줄 수호자로 스핑크스를 임명한 것은 두 말할 필요 없이 막강한 힘 때문이었을 것이다. 그러나 그리스로 온 스핑크스는 인간과 힘의 대결을 하지 않고, 지혜의 대결을 벌였다. 그리고 인간에게 졌다. 불쌍한 스핑크스. 그는 종목 선택을 잘못한 것이다. 그리스에서 출토된 한 와

이질적인 요소의 결합인 하이브리드는 비엔나 문화의 한 특성이다.
사진은 비엔나 벨베데레 상궁 앞에 있는 반인반수의 하이브리드인 스핑크스 조각상.

그리스 아티카 지방에서 출토된 도자기에 새겨진 오이디푸스와 스핑크스.
기원전 470～430년경. 바티칸 박물관 소장.

인 컵 바닥에 새겨진 스핑크스는 피라미드를 지킬 때의 위풍당당한 위용은 온 데간데없다. 다리를 꼬고 앉아 있는 오이디푸스 앞에서 스핑크스는 마치 애완동물처럼 다소곳하다.

시대를 껑충 건너뛰어 유럽 바로크 시대로 오면, 스핑크스는 관능적인 여인으로 등장한다. 프랑스 파리 시청사 건물 위에 올라간 스핑크스가 화장기 없는 젊은 처녀라면, 스페인 그란자 궁의 스핑크스는 잔뜩 멋을 낸 화려한 귀부인처럼 보인다.

벨베데레 궁의 스핑크스도 길게 땋은 머리와 반원형 가슴을 가진 여인의 모

1 프랑스 파리 시청사의 스핑크스. 1870년대 작품.
2 스페인 세고비아에 있는 그란자 궁전의 스핑크스.
18세기 중엽의 작품으로 추정된다. 3 콜롬비아 출신
의 현대 작가 페르난도 보테로가 만든 뚱뚱한 스핑크
스 조각상. 콜롬비아 제2의 도시 메데진에 있다.

습이다. 조각상을 다시 쳐다본다. 아무리 봐도 잘 만든 작품은 아니다. 이집트의 스핑크스 같은 위엄도 없고, 그리스 스핑크스처럼 지혜로워 보이지도 않는다. 그렇다고 파리 시청사에 있는 스핑크스처럼 우아한 여성미를 지녔다고 하기도 어렵다.

미안하다. 너는 예술품으로서는 낙제다. 네가 달고 있는 날개는 전혀 날 수 있을 것 같지 않고, 네가 가진 다리는 뒤뚱뒤뚱 걷기에도 힘들어 보인다. 여자인지 남자인지, 너의 성적 정체성도 아리송하다. 그러나 그 예술적 불균형 때문에 스핑크스가 잡종이라는 메시지를 너처럼 뚜렷하게 부각시키는 조각상을 본 것 같지 않다. 내가 읽는 너의 정체성은 '위엄'이 아니고, '지혜'가 아니며, 또 '우아'도 아니다. 너의 정체성은 그냥 '하이브리드'다. 이질적인 요소의 섞임이다.

2 ·····

미술관 카페에서 '멜랑쥬'를 한 잔 주문한다. 거품을 잔뜩 낸 크림이 섞여 있는 비엔나 사람들이 즐겨 마시는 커피다. 코코아 가루나 초콜릿을 솔솔 뿌려 주기도 한다. 멜랑쥬, 이것저것이 다 섞여 있다는 프랑스 말이다. 단맛과 쓴맛, 그리고 뜨겁고 차가운 맛이 멜랑쥬 한 잔 안에 다 들어 있다. 스핑크스가 힘센 것은 다 모아 놓은 하이브리드라면, 멜랑쥬는 맛있는 것은 다 모아 놓은 하이브리드인 셈이다.

어디 멜랑쥬뿐이겠는가! 따지고 보면 비엔나에서 파는 커피는 거의 다 하이브리드다. 커피에 술을 섞기도 하고, 아이스크림을 풍덩 빠뜨리기도 한다. 세상에! 도대체 누가 찬 아이스크림을 뜨거운 커피 속에 집어넣을 생각을 했을까? 비엔나 밖의 공간에서 비엔나 커피라고 부르는 이 커피를 비엔나에서는 '아인슈패너'라고 부른다.

비엔나를 대표하는 먹을거리 중의 하나인 비엔나소시지도 그렇다. 보통 돼지고기를 주원료로 하는 다른 지방의 소시지와는 달리 돼지고기와 쇠고기, 그리고 닭고기를 다져서 한데 섞는다. 심지어는 생선까지 집어넣기도 한다. 하여튼 섞는 데는 일가를 이룬 사람들이다.

서로 다른 것을 섞어서 하나로 만드는 비엔나 사람들의 실험 정신이 오늘의 비엔나에 문화의 도시라는 명성을 안겨 준 것은 아닐까? 분명 관련이 있을 것이다. 문화는 기본적으로 섞는 것이니까. 서로 다른 너와 내가 섞여서 사회를 이루고, 네가 살아가는 법과 내가 살아가는 법이 서로 섞여서 문화가 생기는 것이니까. 그래서 문화는 항상 잡종 문화의 성격을 띠게 마련이다. '잡종 강세'라는 말은 꼭 생물학에서만 통용되는 원리가 아니다. 문화도 섞을수록 강해진다.

지정학적으로 볼 때 비엔나는 동과 서, 남과 북의 유럽이 만나는 곳이다. 유럽의 동서 축과 남북 축이 교차하는 지점에 있다. 이를 달리 말하면, 동과 서 그리고 남과 북의 유럽 문화를 하나로 섞기에 딱 좋은 곳이라는 이야기다.

잠깐! 비엔나는 지리적으로 유럽의 동쪽에 치우쳐 있지 않은가? 맞다. 그러나 유럽 대륙의 한복판에 알프스 산맥이 있다는 점을 고려해야 한다. 평면 지도에서는 알프스 산맥을 남북으로 관통하는 직선을 죽 그을 수 있다. 그러나 사람과 문물이 오가는 문화사 지도에서는 그렇게 할 수 없다. 알프스 산맥을 우회 통과해야 한다.

비엔나는 알프스 산맥을 동쪽으로 우회한 로마 제국이 게르만족의 침입을 막기 위한 군사적 요충지로 건설되었다. 지금 비엔나의 한복판 성 스테판 성당이 있는 곳이 로마군이 캠프를 친 장소였다. 영화를 좋아하는 이들은 〈글라디에이터〉 첫 장면에 등장하는 로마와 게르만 사이의 치열한 전투를 기억할 것이다. 그 전투가 벌어진 곳이 비엔나 근처다. 《명상록》을 쓰기도 한 철학자 황제 마르쿠스 아우렐리우스는 여기서 병사했다. 영화에서는 친아들 코모두스에게 살해당하는 것으로 나온다. 병든 황제가 직접 나서야 했을 만큼 게르만족은 로마의 큰 골칫거리였던 모양이다.

이렇게 비엔나의 역사는 로마 제국과 게르만족이 충돌한 피비린내 나는 전쟁으로 그 첫 장을 연다. 비엔나는 남쪽 라틴 세력과 북쪽 게르만 세력이 대치했던 군사적 거점 도시였던 것이다. 이것을 평화 시대의 용어로 살짝 바꾸면,

로마 제국의 철학자 황제 마르쿠스 아우렐리우스.

비엔나는 남부 유럽과 북부 유럽을 잇는 관문 역할을 하는 도시가 된다.

비엔나는 동서 유럽이 접하는 경계이기도 하다. 혈통으로 말하면, 비엔나는 동유럽에 터를 잡은 슬라브족과 서유럽으로 이동한 게르만족의 피가 섞여 있다. 이데올로기의 잣대로 재면, 비엔나는 동서 냉전 시대에 동유럽 공산 진영과 서유럽 자유 진영의 충돌을 완충시킨 스펀지 같은 곳이었다. 종교적 관점에서 본다면, 이슬람 세력에 맞선 기독교 세력의 보루 역할을 하기도 했다.

이슬람의 힘이 강성했던 16세기와 17세기에 오스만 터키 제국이 오늘날 종교 분쟁의 화약고인 발칸 반도를 집어삼키고 비엔나까지 쳐들어왔을 때, 기독교 세력은 오스만 터키군을 비엔나 외곽에서 두 차례나 물리쳤다. 이때 이슬람 세력이 비엔나를 무너뜨렸다면 유럽의 지도는 어떻게 바뀌었을까? 쓸데없는 역사의 가정이다. 지금 그 역사의 흔적은 비엔나의 커피 문화로 고스란히 남았다. 비엔나 사람들에게 커피를 전해 준 이들이 바로 오스만 터키인이었던 것이다. 전쟁은 이렇게 때때로 폭력을 수반하는 문화 교류의 장으로 작동하기도 한다.

동과 서, 남과 북의 유럽 문화가 섞여 있는 비엔나는 도시 전체가 유럽 문화의 전람회 공간이다. 아테네가 고대 유럽 문명이 숨 쉬는 살아 있는 박물관이라고 한다면, 비엔나는 근대 유럽 문화를 한눈에 볼 수 있는 박물관 도시다. 우리가 비엔나에서 철학 여행을 시작하는 이유다.

3 ·····

　역사의 큰 단락으로 볼 때, 근대는 지금 우리가 살고 있는 현재와 가장 가까운 역사적 공간이다. 지금 우리가 살아가는 현재는 근대의 연장선 위에 있다고 할 수 있다. 그러면 어디까지가 근대고, 어디부터 현대인가? 근대와 현대의 구분은 우리를 늘 곤혹스럽게 한다.

　그러나 물리적 시간이 아니라 역사적 시간의 잣대를 들이댈 때, 근대는 현재와 가까운 시기라는 사전적 정의를 뛰어넘어 새로운 의미로 다가온다. 어떤 이는 그것을 민주주의와 근대 국가 형성과 연결한다. 모든 인간이 신분과 성별에 관계없이 평등하게 태어났다는 말은 오늘날 진부하게 들린다. 그러나 이 진부한 이념을 실현하기 위해 인류는 오랫동안 피를 뿌려야 했다. 민주주의를 제도화하는 데 크고 작은 시행착오도 많았다. 근대라는 말에는 이런 정치적 함의가 들어 있다.

　어떤 이는 그것을 산업화와 연결한다. 농사를 짓고 물고기를 잡아 먹는 문제를 해결하던 시대에서 공장을 짓고 필요한 상품을 대량 생산하게 된 시대가 근대다. 사람들이 살아가는 생활 조건이 혁명적으로 바뀐 산업혁명이 근대에 이루어졌다. 지금 우리 삶에서 떼어낼 수 없는 시장경제가 자리 잡은 것도 바로 근대에 일어난 일이다. 근대라는 말에는 이런 경제적인 의미가 녹아 있다.

　또 어떤 이들은 근대의 핵심을 세계 중심이 신에서 인간으로 바뀐 세속화를 의미한다고 말한다. 근대 이전에는 모든 결정은 교회에서 이루어졌다. 교회에 가면 모든 문제가 해결되었다. 진리를 결정하는 곳은 교회였다. 그러나 근대 과학은 이런 구도를 통째로 바꾸어 놓았다. 이제 진리를 결정하는 것은 과학이다. 이 점에서 근대의 탄생은 곧 근대 과학의 탄생을 말한다.

인간의 존엄성과 민주주의, 산업화와 시장경제, 그리고 근대 과학과 그것을 가능하게 한 이성에 대한 깊은 신뢰는 근대를 특징짓는 역사의 내용물이다. 이러한 근대의 특징은 현재와 가까운 시기라는 사전적 정의로는 결코 잡히지 않는다.

역사의 시계를 들여다볼 때, 근대는 유럽에서 시작했다. 그리고 유럽을 넘어 전 세계로 퍼져 나갔다. 처음 근대 프로젝트는 장밋빛 일색이었다. 인류의 행복과 번영, 그리고 진보가 머지않아 눈앞에 펼쳐질 것으로 믿었다. 이 세상에 풀지 못할 문제는 없다고 생각했다. 과학과 이성을 지난 시대의 어두움을 몽땅 걷어낼 빛이라고 믿었다. 어제보다는 오늘, 오늘보다는 내일이 더 행복할 것이라는 믿음을 조금도 의심하지 않았다.

인류의 진보는 더 이상 신화나 예언 속의 말씀이 아니라 현실 속의 세계에서 이루어지고 있으며, 또 이루어질 일이라고 여겼다. 이런 야심만만한 계획을 지성사에서는 흔히 '근대 프로젝트' 또는 '계몽 프로젝트'라고 부른다.

그러나 시간이 흐르면서 근대 프로젝트의 그림자가 짙게 드러나기 시작했다. 인간의 존엄성은 백인과 부르주아와 남성의 존엄을 위해서만 작동할 뿐, 유색인과 프롤레타리아와 여성의 존엄을 위해서는 냉담했다. 민주주의 이념은 대중 조작 및 대중 선동과 결합해서 파시즘을 탄생시켰다. 왕정 시대의 정치 체제보다 더 나을 것도 없는 사이비 민주주의 체제가 잇따라 등장했다. 산업화는 빈곤 문제를 해결하지 못하고, 새로운 빈곤층을 양산하는 역사의 아이러니를 낳았다. 과학은 방자해졌다. 과학의 영역에 포함되기 어려운 얇은 비

비엔나 출신의 화가 구스타프 클림트가 그린 벽화 〈철학〉.
이 그림은 1945년 화재로 건물이 불타면서 함께 소실되었다.

과학적이라는 명목으로 진리의 세계에서 원천적으로 봉쇄되었다.

근대 프로젝트에 대한 반성과 회의가 일어났다. 그 반성은 19세기 말에 광범위하게 일어났다. 세기말 현상이라 불리는 음울한 시대 분위기가 유럽의 지성 사회에 불었다. 인류의 행복과 역사의 진보에 대한 회의, 그리고 미래에 대한 불안 등이 전염병처럼 번져 나갔다. 그 세기말 현상으로 가장 크게 진통한 곳이 비엔나다.

그렇다. 비엔나는 근대라는 빛과 그림자, 밝고 어두운 얼굴을 함께 가지고 있다. 이 점이 근대 유럽 문화를 대표하는 다른 도시들과는 다르다. 피렌체는 중세의 길고 긴 터널을 벗어난 근대 여명기의 기쁨이 가득하다. 런던은 세계 표준을 만든 주역 도시로서의 긍지가 넘친다. 그래서 근대가 가진 이중성을 읽기에는 비엔나가 제격이다. 유럽의 동서와 남북의 문화가 비엔나에서 교차하듯, 근대가 가진 빛과 그림자가 비엔나에 잘 녹아 있다. 마치 이질적인 요소를 결합해서 우아한 모양과 맛으로 변화시킨 비엔나커피처럼. 우리가 비엔나에서 철학 여행을 시작하는 또 하나의 이유다.

4 •••••

이제 여러분의 시곗바늘을 전쟁의 포성이 멎은 제1차 세계대전 직후로 맞출 것을 제안한다. 지금은 '인터워'라고 부르는 두 차례의 세계대전 사이에 놓인 시간대다.

세계사에서는 제1차 세계대전을 '대전쟁'이라고 부른다. 아마 전쟁 규모가 엄청나게 크기 때문에 붙여진 이름이었을 것이다. 그래서 역사 용어로서 대전쟁은 오로지 제1차 세계대전만을 지칭한다. 당시에 충격이 얼마나 컸는지를 짐작하게 한다. '대전쟁'이라는 이름만으로는 부족했는지 제1차 세계대전에는 '모든 전쟁을 끝장낸 마지막 전쟁'이라는 별칭도 붙어 있다. 그것이 잘못된 이름이라는 사실을 깨달은 것은 제2차 세계대전이 일어난 뒤였다.

제1차 세계대전은 유럽 지도를 확 바꾸어 놓았다. 특히 중부 유럽에서 변동 폭이 더욱 심했다. 비엔나 황금시대를 이끌었던 합스부르크 왕조는 전쟁 후 역사 무대에서 완전히 퇴장했다. 이로써 한때 유럽을 호령했던 오스트리아-헝가리 제국은 지도 위에서 사라졌다. 제1차 세계대전의 맹주 격이었던 독일, 곧 호헨촐레른 왕조의 독일 제국도 동반 퇴진했다. 그뿐인가? 로마노프 왕가의 러시아 제국, 그리고 오토만 왕조의 터키 제국 등 동부 유럽의 강자들이 한꺼번에 역사의 뒤안길로 사라졌다. '카이저', '차르', '술탄' 등 각각 다른 이름으로 불리던 유럽의 황제들은 형장의 이슬이 되거나 앞을 기약할 수 없는 망명길에 올랐다. 제1차 세계대전을 분기점으로 절대 권력을 휘둘렀던 절대 왕정은 유럽에서 영원히 사라졌다. 살아남은 유럽의 왕들은 숨을 죽이고, 마치 동화 속의 왕처럼 움직여야 했다.

빌헬름 트뢰거의 판화 〈케르트너 거리〉. 연작 〈비엔나 1932〉 중의 하나다. 1932년 작.

　왕정이 사라진 곳에 공화정이 들어섰다. 국가의 주권은 인민에게 있다는 공화정은 자유주의 사상가들의 오랜 꿈이 아니었던가? 그 꿈이 마침내 이루어진 것이다. 그뿐인가, 인간 평등의 사회주의를 실현하고자 했던 유럽 혁명가들의 숙원은 러시아에서 나타났다. 전쟁이 끝난 뒤 주위를 살펴보니 세계는 그야말로 확 바뀌어 있었다.

　모든 전쟁은 이제 끝난 것일까? 연합군과 동맹군을 합해서 군인 전사자만 900만 명이 넘는 제1차 세계대전의 참극을 사람들은 새로운 세계를 열기 위해 역사의 제단에 뿌리는 피라고 믿고 싶었는지도 모른다.

　역사가 잔인한 것일까, 아니면 인간이 우둔한 것일까? 대전쟁보다도 더 큰 전쟁의 먹구름이 시시각각 다가오고 있었다. 제1차 세계대전과 제2차 세계대전 사이의 간격은 겨우 20년. 그 두 전쟁은 하나의 전쟁이라고 불리도 좋을 만큼 닮은꼴이었다. 대량 살상 무기와 화학 무기가 선을 보이면서 전쟁의 희생자는 군인과 민간인을 따지지 않았다. 전쟁은 또 하나의 정치 수단이라는 클라우제비츠의 전쟁학 이론은 이제 쓰레기통에 집어던져야 했다. 전쟁은 정치의 수단으로 작동하는 것이 아니라, 단지 살육의 수단이었다. 인종 청소라고 불리는 전쟁 범죄가 제1차 세계대전 때 등장했다. 당시 아르메니아 인구의 절반이 넘는 150만 명이 단지 아르메니아인이라는 이유로 오토만 터키에 의해 대량 학살되었다. 제2차 세계대전 중 나치 독일에 의해 저질러진 유대인 학살의 예고편을 보는 듯하다.

　두 세계대전 사이에 위치한 이 시기는 인류의 희망과 불행 목록이 마치 판도라 상자 속에서 한꺼번에 뛰쳐나온 듯한 광기의 시대였다. 혼돈의 공간이었다. 그 시대 공간에서 꺼져 가는 '근대 프로젝트'의 불씨를 다시 살리려고 하는 일군의 학자들이 비엔나에서 등장했다. 우리가 비엔나 철학 여행에서 살펴보고자 하는 '비엔나 서클'이다.

5 ·····

비엔나 서클의 학자들은 우리가 통상적으로 생각하는 철학자들이 아니었다. 그들은 철학자이기 전에 물리학자, 수학자, 그리고 사회학자들이었다. 또한 해당 분야에서 이미 일가를 이룬 학자들이었다.

비엔나 서클을 이끈 모리츠 슐리크는 물리학자로 출발해 논리학과 미학을 거쳐 인식론 일반으로 관심의 영역을 점점 넓혀 간 인물이다. 비엔나 서클의 역사는 그가 1922년 비엔나대학의 귀납적 과학과 철학의 교수로 부임하면서 시작되어, 1936년 그의 제자에 의해 살해되면서 사실상 막을 내렸다고 보아야 할 것이다.

1924년부터 슐리크의 집에서는 매주 토론회가 열렸다. 이 토론 모임은 따로 이름이 없었다. 이후 사람들은 이 모임을 '슐리크 서클'이라고 불렀다. 이 비공식 모임이 '에른스트 마하 협회'라는 정식 이름을 가진 단체로 출범한 것이 1928년. 마하 협회는 그 이듬해 '비엔나 서클'로 다시 이름을 바꾸었다.

에른스트 마하는 비엔나대학에 귀납적 과학과를 설립한 과학자이며 철학자다. 지금은 초음속의 속도를 나타내는 단위 '마하'로 그의 이름을 겨우 전할 뿐이지만, 그는 뉴턴 역학의 토대를 이루는 시간과 공간의 절대 개념을 처음으로 비판한 인물로 기록된다. 아인슈타인은 학창 시절에 마하의 저서 《역학》을 탐독했으며, 마하가 죽었을 때는 그를 추모하는 글을 쓰기도 했다. 또 러시아 혁명을 이끈 레닌은 《유물론과 경험비판론》을 통해 마하의 사상을 비판하기도 했다. 마하가 그 당시 사람들에게 얼마나 큰 영향을 끼쳤는지를 짐작하

1 20세기 초반에 찍은 비엔나 대학. 2 '1 사진'과 같은 구도로 다시 찍은 비엔나 대학.

게 한다.

슐리크가 비엔나대학에 임용되기 전에 비엔나에는 이미 마하 철학에 매료된 일련의 과학자들 모임이 있었다. 한스 한, 오토 노이라트, 필립 프랑크 등이 그들이었다.

한스 한은 수학자다. 함수 해석, 위상기하학, 집합론 등의 분야에 큰 공헌을 남겼다. 함수 해석의 핵심 이론인 '한-바나흐 정리'를 만든 바로 그 사람이다. 그의 제자 중에는 20세기 최고의 수학 천재로 평가되는 쿠르트 괴델과 한계효용학파를 창시한 경제학자 칼 멩거의 아들 칼 멩거가 있다. 괴델과 멩거 또한 비엔나 서클의 회원이었다.

오토 노이라트는 사회학자이자 정치경제학자다. 자연과학자들이 주류를 이루는 비엔나 서클에서 인문사회과학 쪽에 더 가까운 인물로 평가된다. 그는 사회주의 운동에 관심이 깊었고, 실제로 정치 활동에도 여러 차례 뛰어든 피가 뜨거운 사람이었다. 비엔나 사회 경제 박물관장으로 있을 때는 대중에게 쉽게 사회 경제 교육을 하기 위해 시각디자인에 큰 관심을 기울였다. 문자와 숫자 대신 상징적인 도형이나 정해진 기호를 조합시켜 시각적으로 표현하는 '아이소타이프'는 바로 그가 창안한 것이다. 오토 노이라트의 부인 올가 한-노이라트는 한스 한의 여동생이다. 여자로는 세 번째로 비엔나대학을 졸업했다는 올가 한-노이라트는 시각 장애자였는데도 비엔나 서클의 모임에 열성적으로 참여했다.

필립 프랑크는 평생 마하와 아인슈타인을 존경한 이론 물리학자다. 1912년 아인슈타인의 추천으로 프라하대학 물리학과로 자리를 옮겨, 1938년 미국으로 이민하기까지 프라하에 있었다. 비엔나 서클의 초기 멤버 중에서 가장 장수

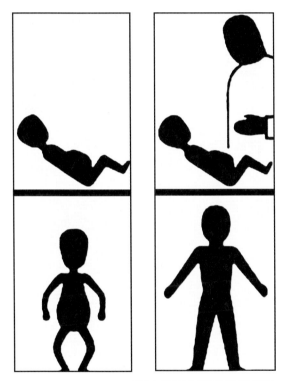

오토 노이라트가 창안한 아이소타이프.

했기 때문에 비엔나 서클에 대한 기록은 필립 프랑크의 회고에 많이 의존하는 편이다. 미국 이민 후에는 하버드대학에서 수학과 물리학을 가르쳤다.

비엔나 서클에 제일 늦게 합류한 핵심 인물은 1926년 비엔나대학에 온 루돌프 카르납이다. 아마 비엔나 서클 회원 가운데 이름이 가장 알려진 철학자일 것이다. 물리학과 논리학을 넘나든 카르납은 비엔나 서클의 주장을 '논리경험주의' 또는 '논리실증주의'로 정리한 인물이기도 하다. 1936년 미국으로 건너간 그는 시카고대학과 캘리포니아대학에서 논리실증주의의 전도사로 맹활약했다.

1929년 비엔나 서클의 출범을 알리는 선언문이 발표되었다. '과학적 세계관: 비엔나 서클'이라는 제목이 붙은 이 선언문은 흔히 '비엔나 서클 선언'이라고 불린다. 학자들이 자신들이 추구하는 철학을 마치 정당에서 정강을 발표하듯 선언한 것은 일찍이 없었던 일이다. 굳이 비슷한 사례를 찾아본다면 마르크스와 엥겔스의 1848년 '공산당 선언'이 있을 뿐이다. 비엔나 서클의 선언문을 작성한 사람은 루돌프 카르납과 한스 한, 그리고 오토 노이라트였다.

6 ·····

비엔나 서클이 선언한 철학은 한마디로 말한다면 논리경험주의다. 경험주의를 논리 분석과 결합한 것이라고 보면 거의 틀림없다. 경험주의는 모든 참된 지식은 경험에서 비롯된다는 주장이다. 이 주장을 뒤집어서 말하면, 인간의 경험에서 벗어나 있는 지식은 참된 지식이 아니라는 뜻도 된다.

다음과 같은 간단한 예를 들어 보자.

(가) 총각은 결혼하지 않은 남자다.

이 진술은 참인가 거짓인가? 물론 참이다. 총각이라는 말 자체가 결혼하지 않은 남자를 뜻하기 때문이다. 문법 용어로 말하면, 주어총각에 술어결혼하지 않은 남자에서 말한 내용이 이미 담겨 있기 때문이다. 술어에서 말하는 것이 주어에 이미 포함되어 있는 진술을 철학에서는 분석 판단이라고 한다. 분석 판단은 경험과는 관계가 없다.

(나) 우리 옆집 총각이 베트남 처녀와 결혼한다.

이 진술은 참인가 거짓인가? 참일 수도 있고 거짓일 수도 있다. 주어우리 옆집 총각를 아무리 분석해 봐도 술어베트남 처녀와 결혼한다에서 말하는 내용을 끌어낼 수 없다. 이 진술이 참인지 거짓인지는 우리가 직접 확인해 보아야 안다. 이렇게 경험을 통해 참과 거짓을 가릴 수 있는 진술을 철학에서는 종합 판단이라고 한다.

(다) 결혼하지 못하고 죽은 총각은 몽달귀신이 된다.

이 진술은 참인가 거짓인가? 대답하기 참 난감하다. 주어_{결혼하지 못하고 죽은 총각}를 이리저리 분석해도 술어_{몽달귀신이 된다}에서 말한 내용을 이끌어 낼 수가 없다. 그렇다면 이 진술이 참인지 거짓인지 확인해 봐야 하는데, 이것은 확인할 길이 없다. 우리 경험을 통해 확인할 수 있는 영역 밖의 진술을 하고 있기 때문이다.

(가)와 같은 분석 판단은 세계를 이해하는 데 새로운 지식을 주지는 못한다. 주어에 이미 담긴 내용을 술어가 똑같이 반복하고 있기 때문이다. 이것을 철학에서는 '동어반복'이라고 부른다. 명제의 진릿값이 항상 참이 되기 때문에 '항진恒眞'이라고도 부른다. 물론 모든 분석 판단이 참은 아니다. 예를 들어 "총각은 결혼한 남자다"라는 진술은 거짓이다. 주어에 담긴 내용을 술어가 부정하기 때문이다. 이것은 "A는 A이며, 동시에 A는 A가 아니다"라는 진술이 되기 때문에 모순이다. 분석 판단은 이렇게 항상 참 또는 항상 거짓이 된다.

(나)와 같은 종합 판단은 세계를 이해하는 데 도움이 되는 의미 있는 진술이다. 달리 말해서, 우리가 경험을 통해 확인할 수 있는 진술만이 진정한 의미에서의 앎이다. 그러나 종합 판단에서 우리가 꼭 피해야 할 덫이 있다.

(다)와 같이 종합 판단처럼 보이지만, 실제로는 참과 거짓을 확인할 길이 없는 진술이 있다. 이는 사이비 진술이라고 말할 수 있을 것이다.

비엔나 서클은 수학과 논리학의 명제는 (가)와 같은 성격으로 본다. 곧 수학과 논리학의 명제는 그 진릿값이 항상 참인 항진이다. 과학적 명제는 (나)와 같다. 곧 과학은 반드시 우리 경험을 통해야 한다. 경험을 통과하지 않은 명제는 (다)와 같은 사이비 명제다. 형이상학적인 명제가 대표적이다. 따라서 (가)와 같은 유형의 명제와 (나)와 같은 유형의 명제는 진리의 세계에 입장할 수 있지만, (다)와 같은 유형의 명제는 그렇지 못하다.

비엔나 서클은 그들이 선언한 논리경험주의가 데이비드 흄의 철학을 계승했다고 이야기한다. 18세기 스코틀랜드의 철학자인 흄은 철학사에서 경험주의 원칙에 가장 철저한 인물로 평가된다. 또 바로 그 점 때문에 경험주의를 회의주의라는 철학의 무덤으로 몰고 간 철학자로 평가되기도 한다.

흄의 철저한 경험주의는 인과론을 핵심 원리로 하는 근대 과학과 정면 충돌했다. 근대 과학은 자연현상을 설명하고 예측하기 위해 태어났다. 여기서 설명과 예측은 인과론을 매개로 한다. 인과론에서는 동일한 조건에서는 동일한 결과가 일어난다는 전제를 당연하게 받아들인다. 조건 값이 결정되면 그 결과를 정확하게 예측할 수 있다고 믿는다. 물론 이러한 자연의 인과법칙은 인간의 경험과는 무관하다. 그러나 흄은 인간의 경험과 관계없이 작동하는 인과법칙을 받아들이지 않았다. 심지어 그는 지금까지 태양이 동쪽에서 떠올랐다고 해서, 내일도 동쪽에서 떠오른다고 보장할 수는 없다고까지 주장했다.

그러면 비엔나 서클이 새로 손질한 경험주의, 곧 논리경험주의에서는 인과론을 흄과 다르게 해석했는가? 근본적인 차이는 없다고 나는 생각한다. 바뀐 것은 경험주의가 아니라 인과론이다. 상대성이론과 양자역학의 등장으로 고전역학의 뼈대를 이루던 인과론이 새롭게 해석된 것이다.

뉴턴 물리학에서 시간의 개념은 관찰자와 상관없이 독립적으로 존재하는 실재였다. 공간 개념 또한 마찬가지다. 그러나 아인슈타인의 상대성이론에서 시간과 공간은 그러한 절대성을 상실한다. 시간과 공간은 서로 떼어낼 수 있는 상호 독립적인 것이 아니라, 하나의 연속체인 '시공간'이 되었다. 아인슈타인 개념의 시공간은 관찰자와 무관하게 존재하는 것이 아니라 관찰자의 운동 상태에 따라 변화한다. 상대성이론이 등장하기 전까지 인과론은 항상 시간의 선후 관계를 매개로 성립되었다. 곧 두 사건이 필연적으로 발생했을 때, 먼저 일어난 사건 E1이 원인이 되고, 뒤에 일어난 사건 E2가 결과가 된다. 그러나 이제 인과론은 이러한 시계열로 설명할 수 없게 되었다.

그래도 아인슈타인의 상대성이론에서는 인과론의 기본 개념은 그대로 살아있다. 아인슈타인은 고전역학의 틀 자체는 건드리지 않았기 때문이다. 그러나 양자역학에 이르면, 모든 것이 확률 게임으로 변한다. 양자역학에서는 입자의 상태와 위치도 일정하지 않다고 상정한다. 그러니 조건을 동일하게 한다는 것은 한마디로 어불성설이다. 당연히 인과론이라는 개념 자체가 힘을 잃는다. 굳이 인과론이라는 개념을 살리고 싶다면, '확률적 인과론'이라는 명칭을 쓸 수밖에 없다. 근대 물리학의 뼈대를 이루던 위풍당당하던 인과론은 확률을 따지는, 아인슈타인의 표현을 빌리면 '주사위 놀이'가 되고 말았다.

비엔나 서클은 대부분 과학자들이었다. 과학에서 출발해 철학으로 관심을 옮긴 철학자들이었다. 그들은 아인슈타인의 상대성원리와 양자역학에 정통했고, 그 이론들이 철학에 던진 문제를 누구보다 잘 이해하는 이들이었다. 어떤 점에서 비엔나 서클이 태동한 것은 현대 물리학이 철학에게 던지는 문제에 응답하기 위한 것이었는지도 모른다. 비엔나 서클이 없었다면 오늘날 과학 철학이라고 부르는 철학 분야는 생겨나기 힘들었을 것이다.

7 ·····

논리경험주의는 때로는 논리실증주의라고 불리기도 한다. 비엔나 서클은 논리실증주의를 논리경험주의와 대체할 수 있는 용어로 사용했다. 경험주의가 17세기 영국에서 태어난 철학 사조라고 한다면, 실증주의는 19세기 프랑스의 사상가 오귀스트 콩트가 제창한 사상운동이다.

비엔나 서클은 선언문을 통해 그들이 표명한 과학적 세계관의 특징을 첫째, '그것은 경험주의적이며 실증주의적이다: 앎은 오로지 경험에서 온다'고 주장했다. 그리고 두 번째 특징으로 '논리 분석을 한다'는 점을 들었다. 말하자면 '경험주의＋논리 분석'이기 때문에 과학적 세계관은 논리경험주의라는 것이고, 다른 한편 '실증주의＋논리 분석'이기 때문에 과학적 세계관은 논리실증주의라는 정체성도 갖는다는 뜻이다.

그러면 경험주의와 실증주의는 같은 것인가? 오늘의 학문 세계에서 경험주의와 실증주의는 거의 같은 뜻이 되어 버렸다. 특히 철학에서 그런 경향이 강하다. 비엔나 서클의 영향 때문일 것이다. 그러나 뿌리를 추적하면 경험주의와 실증주의는 그 배경이 전혀 다르다. 태어난 배경이 다를 뿐만 아니라 서로 충돌하는 요소도 있다.

실증주의의 원조에 해당하는 콩트의 실증주의는 경험주의에 기초해 있지 않다. 콩트는 지식이 경험에서 온다는 이야기를 한 적이 없다. 콩트가 주장하는 '실증적'이라는 말은 합리주의 철학자들이 주장하는 경험을 초월하는 '이성적'이라는 뜻도 아니고, 경험주의 철학자들이 주장하는 이성을 배제하는 '경험적'이라는 뜻도 아니다.

콩트가 말하는 실증 철학은 그가 구분한 6개의 과학 중에서 가장 복합적이고, 가장 구체적인 과학이다. 또 시간적으로 볼 때 가장 늦게 출현하는 과학이기도 하다. 그러면 과학 중에서 가장 단순하고 보편적이며, 또 시간적으로 가장 먼저 나타난 것은 무엇인가? 콩트는 수학이라고 했다. 그 뒤를 이어 단계적으로 천체학, 물리학, 화학, 생물학, 그리고 마지막이 바로 실증 철학이다. 가장 먼저 생긴 수학은 특정한 연구 대상은 없지만, 그 뒤를 따르는 5개 과학에 기초를 제공한다. 수학과 천체 물리를 연구 대상으로 하는 천체학은 일찍이 고대부터 발달했고, 근대에 들어서 물리학, 화학, 생물학 등이 잇따라 태어났다. 콩트에 따르면, 뒤에 등장한 과학은 그 앞에 있는 과학을 기반으로 성립한 것이다. 추상적인 수학에서 구체적인 천체로, 천체에서 지구로, 다시 지구에 있는 물리 현상에서 화학으로, 그리고 유기체에 대해 연구하는 생물학으로 발전해 왔다. 방법론에 대한 과학이라고 할 수 있는 수학을 제외하면 나머지 과학들은 앞의 것으로부터 뒤의 것이 생겨났고, 뒤의 것은 앞의 것에 의존해 왔다. 이제 남은 것은 사회뿐이다.

콩트에 따르면, 사회를 연구하는 실증 철학은 모든 과학의 정점이고 과학의 완성이다. 그 전에 등장한 모든 과학의 지식을 전부 활용해야 하는 종합 과학이다. 물리학이 뉴턴에 의해 제 모습을 갖추었고, 화학이 라부아지에에서 시작되었으며, 생물학이 비샤에 의해 출범했다면, 사회의 과학은 자신의 몫이라고 콩트는 생각했다. 그래서 그는 실증 철학을 '사회 물리학'이라고도 불렀다. 사회를 연구 대상으로 하는 물리학이라는 뜻이다.

이렇게 볼 때 콩트가 쓴 '실증적'이라는 용어는 사실상 '과학적'이라는 뜻이라고 할 수 있다. 콩트의 실증주의는 모든 지식은 경험에 뿌리를 두어야 한다는 주장이 아니라, 모든 지식은 과학에 뿌리를 두어야 한다는 주장이라고 할 수 있을 것이다.

콩트가 '실증 철학' 또는 '사회 물리학' 이라고 부른 분야는 오늘의 용어로 풀면 사회학, 더 넓게는 사회과학이라고 할 수 있다. 또한 콩트는 사회과학을 자연과학의 확장으로 보았다는 점도 분명하다. 사회과학을 자연과학의 방식에 따라 연구하자는 주장이라고 할 수 있다. 이렇게 자연과학, 특히 물리학을 학문의 이상적인 모델로 세우고 자연과학의 방법론에 따라 학문을 연구해야 한다는 주장을 흔히 '자연과학주의naturalism' 라고 부른다. 콩트가 제창한 실증주의는 오늘의 시각에서 보면 의심할 여지없이 자연과학주의다.

이에 반해 흄은 인과론으로 자연현상을 설명하고 예측할 수 있다는 자연과학의 기본 전제를 거부한 철학자다. 콩트는 모든 지식을 자연과학적인 방법으로 완성하려고 했지만, 흄은 그 가능성을 차단한 철학자라고 볼 수 있다.

  잠시 숨을 돌려 보자. 철학이 인간의 삶 또는 세계의 감추어진 비밀을 파헤
치는 심오한 사상이라고 생각한 이에게는 비엔나 서클의 철학이 영 실망스러
울지도 모르겠다. 그러나 비엔나 서클의 철학은 바로 그 점을 겨냥하고 있다.
그들이 보는 철학의 임무는 세계는 무엇으로 구성되어 있는가, 또는 인간은 무
엇인가 하는 거대한 지식 체계를 구축하는 것이 아니다. 철학이 해야 할 일은
논리 분석을 통해 의미 있는 진술을 가려내고, 진술과 진술의 관계를 논리적으
로 분석하는 것이다. 달리 표현하자면, 철학은 직접 세계에 대해서 말하지 않
는다. 그것은 과학이 해야 할 몫이다. 철학은 논리 분석을 통해 과학이 그 일을
잘할 수 있도록 도와줄 뿐이다.

  일상생활에서 사용되는 말은 애매모호한 대목이 많다. 그래서 일상 언어를
사용한 진술은 그것이 참인지 거짓인지를 가리는 데 어려움이 따른다. 그러나
일상 언어를 기호화하면 진술의 모호함이 사라지고 명료성이 확보된다. 비엔
나 서클이 논리학, 특히 언어를 기호화한 기호 논리학에 관심을 기울인 것은
바로 이 때문이다.

  비엔나 서클은 모든 진술을 경험과 관련된 진술과 그렇지 않은 진술로 구분
했다. 그리고 경험과 관련된 진술은 더 간단한 진술로 환원될 수 있다고 믿었
다. 이러한 환원을 계속하다 보면 더 이상 환원될 수 없는, 그리고 마침내 그
진술의 참과 거짓을 경험으로 곧바로 확인할 수 있는 가장 기본이 되는 진술
을 얻을 수 있다고 생각했다. 논리경험주의자들은 이것을 '프로토콜 진술'이

라고 불렀다. 아무리 복잡하게 보이는 진술도 논리 분석을 통해 프로토콜 진술로 환원하면 문제는 단순해진다. 남는 과제는 그것이 맞는지 틀리는지 검증하는 일뿐이다.

그러나 때로는 맞는지 틀리는지 검증할 수 없는 진술도 있다. 우리가 앞에서 살펴본 진술 (다), 곧 '결혼하지 못하고 죽은 총각은 몽달귀신이 된다'는 진술처럼. 이런 진술은 학문의 영역에서 추방해야 한다. 따라서 우리는 진술이 '검증 가능한' 것인지, 아닌지를 우선 골라내야 한다. 이러한 주장을 '검증가능성의 원리'라고 부른다.

"역사는 변증법적으로 발전한다"는 주장의 예를 들어 보자. 이 진술은 검증가능성의 원리에서 보면 '결혼하지 못하고 죽은 총각은 몽달귀신이 된다'는 주장과 한 치도 다를 바가 없다. 왜냐하면 두 진술은 다 검증이 불가능하기 때문이다. 그래서 헤겔이 말하는 것처럼 역사는 변증법적으로 발전하는지, 아니면 《삼국지》에서 말하는 것처럼 역사는 반복되는지를 따지는 것은 과학적 세계관에서는 아무런 의미가 없다. 형이상학을 과학적 세계관에서 제거하는 것은 그것이 틀렸기 때문이 아니다. 도대체 맞는지 틀렸는지 알 수가 없기 때문이다.

9 ·····

비엔나 서클이 제창한 과학적 세계관에서 왜 논리 분석이 중요한 자리를 차지하는가 하는 점을 이해하기 위해서는 수면 아래 숨은 철학적 전제를 하나 끄집어내야 한다. 그 전제는 언어와 세계가 서로 닮았다는 것이다. 철학에서는 이것을 언어와 세계는 '동형isomorphism' 구조를 가지고 있다고 표현한다. 이 말의 대체적인 의미는 언어의 구조와 세계의 구조가 논리적으로 동일하다는 뜻이다. 이 주장은 비엔나 서클에 큰 영향을 끼친 버트런드 러셀과 루트비히 비트겐슈타인에서 시작된다. 여기서 언어는 반드시 글과 말만 가리키지 않는다. 그림과 사진, 그리고 그 밖에 세계를 그리는 모든 표현 수단을 포함한다고 탄력적으로 해석해야 한다.

내가 어떤 대상을 그린다고 하자. 내가 그린 그림은 실제의 모습과 꽤 닮아 있을 것이다. 내 그림 실력이 신통치 못해서 실제 모습과 아주 다르다고 하더라도, 그림 속에 있는 모습들은 그것이 묘사한 대상과 일대일 대응 관계를 가지고 있다. 그래서 우리는 그림을 보고, 그것이 무엇을 그린 그림인지 알 수 있다. 그것은 그림을 잘 그리고 못 그리고를 떠나서, 그림의 전체 구조가 실제의 세계 구조와 대응 관계에 있기 때문이다. 그림 대신 사진을 생각하면 이 점이 더 분명해진다. 사진 속의 세계와 실재의 세계는 다른 것이지만, 그 둘은 닮은 꼴이다. 만일 솜씨 좋은 화가가 그림을 그렸거나 성능 좋은 카메라로 사진을 찍었다면, 그 그림이나 사진은 실제의 모습에 더 가까울 것이다.

그러면 세계를 가장 잘 그린 그림은 무엇일까? 너무 어렵게 생각하지 말자.

그 답은 이미 나와 있다. 바로 과학 언어로 그린 그림이다. 비엔나 서클이 말하는 과학적 세계관이란 과학으로 그린 세계라는 뜻이다. 그들의 선언은 과학으로 그린 그림이 가장 훌륭하다는 선언이다.

비엔나 서클의 철학 속에는 또 하나의 숨겨진 주장이 있다. 가장 이상적인 과학의 언어는 수학이라는 것이다. 이 주장은 멀게는 수의 원리를 세계의 기본 원리로 상정한 고대 그리스의 철학자 피타고라스까지 거슬러 올라가는 아주 오래된 주장이기도 하다.

근대 과학의 언어가 수학이라는 점은 근대 과학의 모델 역할을 하는 뉴턴 역학의 예를 보더라도 잘 드러난다. 우리는 흔히 뉴턴이 물질의 운동을 과학적으로 연구하기 위해 수학의 미분을 발명했다고 생각한다. 그런데 물질의 운동을 과학적으로 정의할 수 있게 된 것은 바로 미분 개념의 결과물이라고 보는 것이 오히려 더 맞는 표현인지도 모른다. 왜냐하면 뉴턴 역학의 핵심을 이루는 속도는 변위를 시간으로 미분할 때 나오는 개념이고, 가속도는 속도를 시간으로 미분할 때 나오는 개념이기 때문이다. 이렇게 미분의 개념은 수학 용어면서 동시에 과학 용어인 것처럼, 과학과 수학은 동행한다.

러셀은 화이트헤드와 함께 쓴 《수학의 원리》에서 수학을 논리학의 일부라고 주장했다. 논리학을 논증의 기술쯤으로 생각하던 그 당시에는 대담하고 획기적인 발상이었다. 분석 판단이 항상 참값을 갖는 항진 명제이며, 수학적 명제는 항상 참값을 다루는 항진 명제라고 한 비엔나 서클의 주장은 바로 러셀의 주장을 그대로 받아들인 것이다.

숫자와 기호, 그리고 문자로 표시된 기호 논리학이 수학의 일부인지, 아니면 항진 명제로 표시되는 수학이 논리학의 일부인지는 여기서 따지지 말자. 러셀이 주장하는 핵심은 수학의 성격이 논리학의 성격과 기본적으로 동일하다는 것이다. 다시 말해 수의 논리적 구조와 언어의 논리적 구조가 동일하다는 것이다. 러셀의 주장이 옳다면, 근대 과학이 수학과 동행하면서 세계의 그림을 과학적으로 그려 왔듯이 과학은 논리학과 동행할 수 있다. 아니, 과학은 반드시 논리학과 동행해야 한다.

따라서 비엔나 서클이 말하는 논리 분석에는 다음과 같은 논리의 사슬이 이어진다. (1) 과학적으로 세계를 바라본다는 것은 세계를 과학의 언어로 표현한다는 것을 뜻한다. (2) 과학 언어에서 가장 이상적인 언어는 수학이다. (3) 수학은 그 기본 성격이 논리학이다. (4) 따라서 과학적으로 세계를 바라본다는 것은 세계에 대한 진술을 논리 분석하는 것이다.

나는 비엔나 서클에서 근대 프로젝트의 마지막 불꽃놀이를 본다. 그들은 20세기에 다시 등장한 계몽주의 철학자들이었다. 그들은 논리 분석이라는 새로운 무기를 들고 경험주의와 실증주의를 재무장하는 한편, 철학의 만형 격에 해당하는 형이상학을 제거했다. 그들에게 과학과 철학은 동전의 양면이었다. 과학은 새로운 철학이었고, 철학은 과학을 작동시키는 또 하나의 과학이었다. 이렇게 손을 잡은 과학과 철학은 하나의 통합 학문으로 나아가는 길을 닦을 수 있다고 믿었다. 그리고 대담하게 선언했다. "이 세상에 풀 수 없는 수수께끼는 없다." 이것은 18세기에 등장한 계몽주의 철학의 완벽한 재판이다. 이보다 더 강한 계몽의 프로파간다가 또 있을까?

10 ·····

　'링슈트라세'를 순환하는 트램에 올라탄다. 이 길을 한 바퀴 돌면 비엔나를 대표하는 명소들을 대부분 다 만난다. 고딕풍의 시청사, 그리스 양식을 재현한 의사당, 초기 바로크 스타일의 오페라극장, 그리고 합스부르크 왕가의 궁전이었으며 지금은 대통령 궁으로 사용하는 호프부르크 궁이 이 길을 따라 계속 나타난다. 유럽 건축 양식을 한눈에 보고 싶다면, 링슈트라세를 시계 방향 또는 시계 반대 방향으로 도는 트램을 잡아타는 게 최고다.

　비엔나 도심은 링슈트라세에 에워싸여 있다. 현재 23구역으로 나누어진 비엔나 행정 구역 중에서 제1구역으로 불리는 지역. 비엔나 사람들은 이곳을 '도시 안쪽'이라는 뜻의 '이너레 슈타트'라고 부른다. 도심이 없는 도시가 어디 있을까? 그러나 '이너레 슈타트'는 도시의 안쪽을 의미하는 보통명사이면서 동시에 고유명사로서는 '비엔나의 도심'을 가리킨다. 이것은 '링슈트라세'가 한편으로는 비엔나를 본떠 유럽의 여러 도시에서 건설된 도시 순환 도로를 의미하는 보통명사면서, 동시에 비엔나에 있는 순환 도로를 가리키는 고유명사로 쓰이는 것과 비슷하다.

　비엔나 도심은 하나의 섬이다. 이곳은 전 세계에서 온 관광객들의 발길로 항상 분주하다. 비엔나는 도심 전체를 통째로 관광 상품화했다. 이곳은 유네스코가 지정한 세계의 문화유산이기도 하다. 비엔나 도심은 언제 봐도 예쁘게 화장한 여배우 얼굴 같다. 다른 도시에서 자주 눈에 띄는 도심 슬럼화 현상을 이곳에서는 발견할 수 없다. 링슈트라세가 그것을 차단했기 때문이다.

19세기 후반 이른바 '건설의 시대'에 세워진 비엔나 도심은 왕가와 귀족, 그리고 새로운 실력자로 떠오른 신흥 부르주아지들의 공간이다. 새로운 부르주아지들의 상당수는 유대인이었다. 갖지 못한 자들은 링슈트라세 바깥쪽으로 밀려났다. 역사적 기념탑에는 항상 이렇게 빛과 그림자가 동시에 있게 마련이다. 비판적인 사회학자와 건축학자들이 링슈트라세를 고운 눈길로만 쳐다보지 않는 이유다.

지성사의 눈으로 보면, 비엔나 도심은 부르주아지 지식인들이 선택한 가장 큰 규모를 자랑하는 지적 소통의 공간이다. 비엔나 지식인들은 파리의 지식인들처럼 폐쇄된 살롱을 그들의 지적 교류를 위한 장소로 선택하지 않았다. 교회나 대학도 아니었다. 비엔나 지식인들이 만나는 곳은 바로 링슈트라세로 에워싸인 도심의 카페였다. 그들은 이곳에서 만나 근대의 희망을 노래했고, 때로는 그것을 비웃기도 했다. 그렇다. 비엔나는 서유럽에 비해 한 박자 늦게 꽃을 피운 계몽의 공간이지만, 아마 가장 넓은 계몽의 공간이라고 봐야 한다.

도시 안쪽에 있는 카페들은 지금도 성황이다. 대부분의 카페가 오랜 역사를 자랑한다. 심지어 18세기 작곡가 모차르트가 와서 커피를 마셨다는 곳도 있지만, 그냥 애교 있는 상술로 여기고 넘어가면 된다. 비엔나의 유명한 카페들은 모두 19세기 후반에 세워진 곳들이다.

카페 센트랄. 역시 족보 있는 비엔나 카페 중의 하나다. 비엔나 서클 학자들의 단골 카페라는 주장도 있다. 카페 매니저에게 사실 여부를 물어보았더니, '카페 센트랄'이라는 제목의 책을 가지고 왔다. 이 카페를 찾은 비엔나 명사들의 이야기를 담은 책이다. 비엔나 서클 학자들의 이름은 눈에 띄지 않는다. 비엔나 서클의 대표적인 학자 몇 명을 짚어서 물어보니 매니저는 그냥 웃기만 한다. 알지 못하는 사람들이라는 뜻일 게다.

오늘의 비엔나에 비엔나 서클의 흔적은 별로 남아 있지 않다. 많은 비엔나 철학자들이 나치 독일의 광기를 피해 제2차 세계대전 직전에 비엔나를 떠났기 때문이다. 루돌프 카르납과 필립 프랑크는 미국으로, 오토 노이라트는 영국으로 각각 망명했다. 한스 한은 1934년에 사망했고, 비엔나를 마지막까지 지켰던 모리츠 슐리크는 1936년 반유대주의자인 제자에 의해 살해되었다. 그가 쓰러진 비엔나대학의 계단에는 지금 그 사실을 기록한 안내판이 하나 붙어 있을 뿐이다. 이 계단을 사람들은 '철학자의 계단'이라고 부른다.

비엔나가 자랑하는 역사적 카페 중 하나인 '카페 센트랄' 앞 거리로 마차가 지나가고 있다. 카페와 마차는 비엔나의 대표적 관광 상품이다.

11 ·:::·

링슈트라세 건너편에 자리한 비엔나대학 캠퍼스에서 나는 비엔나 서클의 과학적 세계관을 다시 복기한다. 그들이 선언한 과학적 세계관 운동은 과연 성공했는가? 나는 여러분에게 이 질문을 되돌려 주고 싶다.

모든 철학은 상식에서 출발한다. 어디 철학뿐이겠는가? 모든 학문의 생명력은 상식에서 나온다. 비엔나 서클이 말하는 세계관은 '과학적으로 세계를 파악한다'는 뜻이다. 누가 과학적으로 세계를 바라보는 것에 반대하겠는가? 과학적으로 생각하는 것은 모든 나라, 모든 학교의 교육 목표다. 상식의 눈으로 볼 때 과학이 참된 지식이라는 점에 대해서는 부인할 사람이 거의 없을 것이다. 그러나 과학만이 참 지식이라고 주장하면 어떻게 될까? 토씨 하나를 덧붙였더니 그 뜻이 사뭇 달라진다. 과학에 토대를 두지 않는 모든 것이 사이비 지식이 되기 때문이다. 오로지 과학적 지식만이 진리고, 과학적 방법만이 진리로 가는 유일한 길이라는 주장을 가리키는 이름이 하나 있다. 바로 과학주의다.

비엔나 서클의 철학은 과학의 눈으로 세계를 바라보는 것이 가장 정확하게 세계를 바라보는 것이라는 상식에서 출발했지만, 과학의 잣대로 모든 것을 재단하는 과학주의로 빠졌다. 과학적으로 검증할 수 없는 모든 지식은 진리를 주장할 자격이 처음부터 박탈되기 때문이다. 형이상학은 과학적으로 검증할 수 없기 때문에 진리의 세계로 들어가는 입구에서부터 차단되었지만, 따지고 보면 형이상학뿐이겠는가? 가치 체계를 다루는 윤리학이나 미적 판단을 연구 대상으로 하는 미학도 출입 금지 처분을 받는다.

하나의 예를 들어 보자. '살인을 하지 말라'는 도덕적 명령은 논리 분석을 통하면 '살인은 악이다'라는 가치 판단이 된다. '살인을 하지 말라'는 명령문에서 참과 거짓을 가릴 수 없듯이, '살인은 악이다'라는 가치 판단에서도 진위를 가릴 수 없다. 따라서 이러한 가치 판단을 주 영역으로 하는 윤리학은 비엔나 서클이 그린 과학 세계에서는 학문이 될 수 없다.

이것은 모든 학문 분야에서 적용된다. 논리 분석의 잣대에 맞지 않는 분야에는 처음부터 진리를 주장할 자격이 주어지지 않는다. 예를 들어 '사회 정의'와 같이 가치 판단이 포함된 문제는 처음부터 과학적 진리의 세계에 입장할 자격이 없다. 꼭 입장하고 싶다면 가치와 관련된 요소는 다 털어 버리고, 검증 가능한 것만 들고 입장해야 한다. 진리를 향하기 위해 태어난 과학이 진리의 세계에 들어가는 자격을 통제하는 완장 찬 권력으로 변한 것이다.

비엔나 서클이 크게 의존하는 경험주의도 그렇다. 인간의 지식은 경험에서 출발하고, 또 실험 관찰을 거듭한 경험을 통해 그 타당성을 확인해 봐야 한다는 경험주의는 상식에 기초한다. 누가 경험의 중요성을 부정하겠는가? 그러나 비엔나 서클이 의존하는 경험주의는 이런 상식에 기초한 경험주의의 범위를 넘어서 있다.

내가 초록색 에메랄드를 보고 있다고 하자. 상식적으로 생각하면 에메랄드를 바라보는 내가 있고, 내 밖에 에메랄드가 있다. 그리고 에메랄드가 초록색이라는 나의 지각 경험이 있다. 다시 말해 지각 경험을 받아들이는 나라는 인식의 주체가 있고, 에메랄드라는 인식의 대상이 존재한다.

잠깐만! 이때 에메랄드가 존재한다고 상정하면 당신은 이미 비엔나 서클이 말하는 경험주의자가 아니다. 에메랄드가 존재하는 것이 아니라 지각 경험을 통해 에메랄드에 대한 '지각 자료'를 포착한 것이다. 에메랄드가 경험 밖에 존재한다고 상정하는 것은 모든 것이 경험에서 비롯된다는 경험주의의 원칙을 깨뜨린 것이 되기 때문이다. 그것은 경험을 선행해서, 또는 경험과 상관없이 외부에 무엇인가가 있다는 형이상학적인 판단이 작동한 것이다. 따라서 경험주의자에게 있어 'A가 있다'는 말은 금물이다. 그것은 '경험된 A가 주어져 있다'는 말로 바꾸어야 한다. 논리적으로 말하면, A가 있기 때문에 A에 대한 지각 경험이 생긴 것이 아니다. A에 대한 지각 경험이 먼저 있고, A가 있다는 것은 그 지각 경험을 통해 관념화된 것이다.

이렇게 모든 것을 경험으로 환원할 때, 경험주의는 '현상주의'로 변한다. 현상주의는 경험에서 주어진 '지각 현상'이 모든 인식의 토대가 된다는 철학적 입장을 말한다. 현상주의에서는 정신과 물질, 의식과 존재, 인식 주체와 인식 대상이 하나가 된다. "존재하는 것은 지각하는 것이다"라고 말한 17세기 경험주의 철학자 버클리의 주장이 그 전형적인 예라고 할 수 있다. 비엔나 서클의 철학도 그렇다. "어떤 것이 있다는 것은 경험된 것으로서 있다는 것"이라고 비엔나 서클은 주장한다.

비엔나 서클이 선언한 과학적인 세계에서는 이렇게 경험적으로 관찰할 수 없고, 과학적으로 검증할 수 없는 모든 지식은 출입이 봉쇄된다. 비엔나 서클이 선언한 과학적 세계관은 과학으로 모든 것을 재단하는 과학주의와 경험으로 모든 것을 환원하는 현상주의의 결합이다.

한 가지만 더 짚고 넘어가자. 비엔나 서클의 철학은 과학주의와 현상주의로 이끈 방법으로서의 '환원'과 그 방법을 지지하는 믿음으로서의 '환원주의'다. 환원과 환원주의는 비엔나 서클의 철학을 구성하는 요소는 아니다. 경험주와 과학주의, 그리고 논리 분석 등이 과학적 세계관을 구성하는 재료라고 한다면, 환원주의는 그 재료들을 하나로 섞는 방법이다.

환원은 사실 복잡한 것을 단순화시키는 쓸모 있는 방법이다. 과학에서도 이 방법을 많이 사용한다. 환원으로 태어난 대표적인 과학적 개념이 '원자'다. 물질을 쪼개고, 또 계속 쪼개다 보면 더 이상 쪼갤 수 없는 어떤 알갱이가 나오는데, 근대 물리학에서는 이것을 원자라고 불렀다. 물리학에서는 원자를 모든 물질의 토대를 이루는 궁극적인 요소라고 말한다. 원자는 세계의 근본 요소이며, 세계는 원자가 여러 형태로 결합한 복합체라는 이야기다. 이러한 근대 물리학의 기본 전제를 철학 용어로 말하면 환원주의, 조금 더 세분화해서 말하면 '요소 환원주의'라고 부를 수 있다.

요소 환원주의는 물리학에서만 등장하는 것이 아니다. 화학의 기본 요소는 '분자'로 상정된다. 분자는 그 성질을 잃지 않는 최소 단위라고 여기는 개념이다. 분자를 쪼갤 수는 있다. 그러면 물리학에서 말하는 원자가 되지만, 분자가 원자로 쪼개지는 순간 그 물질은 성질을 잃는다. 그래서 화학은 분자가 어떻게 결합해 있는가를 따져 묻는 과학이다. 예를 들어 물은 두 개의 수소와 하나의 산소가 결합한 것이고, 소금은 하나의 염소와 하나의 나트륨이 결합한 것이다. 소금을 염소와 나트륨으로 쪼개면 소금은 짠맛을 잃는다.

생물학에서도 마찬가지다. 생명을 가진 물체의 기본 요소를 세포라고 부른다. 물론 현대 과학에서는 물리학과 화학, 그리고 생물학이 이러한 경계를 서로 넘나든다. 생명체의 기본 단위를 세포로 상정한 생물학은 이제 세포 생물학이라는 이름으로 불리고, 분자 단위에서 생명 현상을 연구하는 분자 생물학이 주류를 이룬다.

물론 현대 물리학에서 더 이상 쪼갤 수 없는 원자라는 기본 알갱이에 대한 개념은 무너진 지 오래다. 깨질 수 없는 원자가 쪼개져 양자와 전자, 중성자가 등장하고, 또 이 범주에 들어가지 않는 무수한 소립자가 태어나더니, 마침내 알갱이와 파동은 서로 구분이 되지 않는다고 현대 물리학은 말한다. 그래서 요즈음 현대 물리학에서는 세계를 구성하는 최소 단위를 알갱이가 아니라 아주 가는 끈이라고 상정한다. 입자인 동시에 파동도 일으키는 '슈퍼 스트링', 곧 '초끈'이다. 그러나 따지고 보면 '초끈 이론'도 환원적인 방법에서 나온 개념이다.

　자연과학뿐 아니라 사회과학에도 이러한 요소 환원주의의 성격이 있다. 학문적 완성도가 매우 높은 사회과학으로 평가되는 경제학에서는 경제 현상을 재화와 효용이라는 두 요소로 환원한다. 따지고 보면, 사회과학의 대상인 사회가 개인의 총합인가 아니면 사회 전체인가 하는 해묵은 논쟁도 사회 현상을 개인으로 환원할 수 있는지 여부를 둘러싼 논쟁이다.

　그러나 환원이 무차별적으로 이루어지는 것은 아니다. 환원 방법은 복잡하게 보이는 문제의 곁가지를 쳐내고, 문제의 핵심을 향해 간단명료하게 쳐들어가기 때문에 학문에서 매우 유용하게 쓰는 개념이다. 하지만 조자룡 헌 칼 쓰듯이 앞뒤 가리지 않고 마구잡이로 휘두르면 문제가 풀리기는커녕 잔뜩 꼬이게 할 수도 있다. 그래서 환원은 항상 그 조건을 엄격하게 따져 봐야 한다.

　특히 물질과 물질 사이의 요소적 환원 관계가 아닌 이론과 이론 사이의 환원에는 세심한 주의가 필요하고, 차원을 달리하는 두 시스템 사이에서의 환원이라면 더 말할 나위도 없다. 환원과 환원주의의 관계는 어떤 의미에서 과학과 과학주의의 관계와 비슷하다. 경험과 경험주의의 관계라고도 할 수 있다. 환원을 만능으로 생각할 때, 그리고 환원 방법을 무차별적으로 적용할 때 심각한 오류에 빠진다.

비엔나 서클의 과학적 세계관은 환원 방법이 무차별적으로 적용된 환원주의의 전형이다. 모든 인식을 경험적으로 관찰할 수 있는 것으로 환원하고, 모든 지식을 과학적으로 검증할 수 있는 것으로 환원하고, 모든 진술을 더 이상 쪼갤 수 없는 '요소 진술'로 환원한다. 흄의 경험주의와 콩트의 과학주의, 그리고 러셀의 '논리원자주의'가 비엔나 서클의 환원주의에 의해 하나로 섞인다.

이러한 환원 과정에서 환원에 적합하지 않은 것은 제거된다. 경험적으로 관찰할 수 없고, 과학적으로 검증할 수 없으며, 요소 진술로 쪼갤 수 없는 모든 환

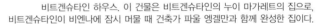

비트겐슈타인 하우스. 이 건물은 비트겐슈타인의 누이 마가레트의 집으로, 비트겐슈타인이 비엔나에 잠시 머물 때 건축가 파울 엥겔만과 함께 완성한 집이다.

원 불가능한 것들은 과학 세계에서 추방된다. 비엔나 서클이 선언한 과학적 세계관의 특징을 한마디로 말하라고 한다면, 나는 환원주의라고 답한다. 두 마디로 말하라고 한다면, 강한 환원주의다.

　모든 철학은 상식에서 출발할 때 생명력을 갖지만, 그 상식을 절대화할 때 생명을 잃는다. 비엔나 서클의 철학도 그 덫에 빠졌다. 과학을 절대화하고, 경험을 절대화하고, 환원을 절대화하면서 상식과 멀어졌다.

12 :::::

특정 시대 또는 특정 사회에서 사람들의 생각을 틀 짓는 어떤 생각의 얼개를 사상이라고 부른다면, 지난 세기의 60년대까지 사람들의 생각을 틀 지어 놓은 생각은 실증주의적 사고였다고 할 수 있다. 사실의 세계에서 가치를 제거해야 한다는 주장은 학문에서의 '가치중립성' 예찬으로 나타났고, 사실의 세계에서는 참과 거짓이 즉각적이고 경험적으로 드러나기 때문에 '고칠 수 없는 incorrigible' 것이라는 주장은 학문에서 사회 역사적 맥락을 무시하는 '맥락중립성'으로 연결되었다. 이렇게 절대적 사고를 중시하는 실증주의가 너와 나의 차이, 사회와 문화의 차이를 인정하지 않는 획일적 사고와 결합한 것은 정해진 수순이었는지도 모른다.

이러한 실증주의적 경향이 강자의 입맛에 딱 맞는 것이라는 점도 충분히 짐작할 수 있다. 이렇게 실증주의가 강자의 논리를 대변하는 주장으로 변하면서 실증주의는 역풍을 맞는다. 지난 세기 후반부에는 실증주의에서 지지한 다수의 주장들이 거의 다 뒤집어졌다고 말해도 좋을 것이다.

비엔나 서클의 학자들은 정치적 성향에서 본다면 보수주의 학자들은 아니었다. 거친 이데올로기의 잣대로 재자면 그들은 우파가 아니라 좌파라고 봐야 옳다. 나는 오늘의 잣대로 그들을 재단할 생각은 없다. 그들을 우파가 아닌 좌파로 자리매김하게 하자는 이야기가 아니다. 그들이 혼돈과 광기의 한복판에서 살았다는 점을 고려하자는 것이다. 게르만의 가치를 구호로 외쳤던 나치 독일이 시시각각 숨통을 조여 오던 그 당시에 가치중립성을 지지하는 것은 강자의 논리가 아니라 강자의 논리에 맞서는 논리가 될 수도 있다. 그래서 나는 비엔나 서클을 이데올로기의 법정에 세우는 것에는 반대한다. 강자의 입맛에 맞는 논리를 대변했다는 그들의 정치적 혐의는 무죄라고 선언한다.

그러나 비엔나 서클의 철학적 주장은 마땅히 철학 법정에 세워야 한다고 본다. 우리는 앞에서 비엔나 서클의 철학이 상식에서 출발했지만, 자신의 철학을 절대화하는 순간 오류에 빠졌다고 지적했다. 역설적으로 무오류성을 주장할 때 오류에 빠져 든 셈이다. 비엔나 서클의 철학적 토대를 이루는 논리실증주의에서 '사실'은 무오류성을 전제로 한다. 비엔나 서클의 축을 이루는 논리경험주의에서 사실은 더 이상 고칠 수 없는 것이다. 내 경험 지각에 입력된 가장 바닥에 놓여 있기 때문이다. 경험 지각에 입력된 사실은 즉각적으로 주어지는 것이기 때문이다. 다시 말해 그것은 더 이상 쪼개지지 않는다. 더는 쪼개지지 않기 때문에 그것은 결코 고칠 수 없다고 말한다. 이 쪼개지지 않고 고칠 수 없는 것이 마치 원자가 결합해서 분자가 되고, 분자가 혼합해서 만물을 이루듯이 사실의 세계를 이룬다. 그것이 바로 비엔나 서클이 주장하는 사실의 개념이다.

이 세상에 풀 수 없는 수수께끼는 없는가? 진리 함수를 적용하면 모든 수수께끼는 풀리는가? 나는 진리 함수의 값을 채워 넣을 때 진리를 얻을 수 있다고는 생각하지 않는다. 이 세상에 그런 진리표가 있다고 보지 않기 때문이다. 그러나 진리를 향한 희망을 놓고 싶지는 않다. 그 희망은 진리 함수의 값을 채워 넣을 때 이루어지는 것이 아니라, 진리를 구하는 과정에서 희망을 키워 가는 것이라고 본다. 따지고 보면, 과학도 그런 것이다. 과학은 세계를 아무도 부인할 수 없는 경험적 사실로 환원하고, 이상적 언어로 환원할 때 얻을 수 있는 것이 아니다. 과학적 세계관이란 결과로서의 과학이 아니라 과정으로서의 과학,

곧 과학적 사유 과정을 가리킨다고 보아야 한다.

이제 우리는 왜 비엔나에서 철학 여행을 시작했는가 하는 가장 중요한 이유를 말할 수 있다. 철학이 지금 여기에서 우리가 당면한 문제를 풀어 가는 것이라면, 비엔나 서클이 주장하는 과학적 세계관은 바로 이 시대를 살고 있는 우리가 풀어야 할 당면한 과제에 대한 하나의 발제문 성격을 갖기 때문이다.

과학이 모든 것을 설명할 수 있는 만능은 아니다. 모든 것을 과학으로 만들 수도 없다. 또 과학이 절대화된 지식을 꿈꾸는 학문도 아니다. 하나의 틀 안에 가둘 수도 없다. 서로 이해하고 서로 토론할 수 있는 소통의 공간 속으로 집어넣어야 한다. 그것이 모든 학문을 하는 데 필요한 열린 자세다. 학문의 민주주의라고 불러도 좋다. 철학도 예외는 아니다. 어떤 학문보다 더 추상적인 성격을 갖기 때문에 철학은 더 열려 있어야 하고, 더 소통해야 한다. 그것이 계몽의 참정신일 것이다.

프 랑 스 France

냥테르 ● ■ **파리**

● 리옹

● 마르세유

2 철학의 새 천년, 1968년에 시작하다 ∶ ∶ 파리

근대의 끝은 어디인가. 도대체 어느 지점이 근대의 종착역인가. 근대를 설계한 기획자들은 그 마지막 단계를 상정하지 않았음에 분명하다. 그들은 근대의 설계를 '하얀 백지' 에서 시작했지만, 그 설계도가 근대 이후의 시대에 또 하나의 백지로 취급받을 것이라는 점은 아예 상정하지 않았다. 1968년 파리에서는 우리가 근대라고 부르는 역사의 한 시대가 마감되었다는 사인이 나타났다. 아직은 무엇이라고 규정하기 힘든, 그래서 편의상 '근대 이후에 온 것포스트모더니티' 이라고 부르는 새 시대의 징후다.

1 ·:·:·.

낭테르대학 운동장에 차를 세운다. 이곳이 파리 철학 여행의 출발점이다. 낭테르대학은 이름에서 알 수 있듯이 파리 서부 낭테르라는 곳에 있다. 지금 공식 명칭은 파리 10대학. 그러나 사람들은 여전히 낭테르대학이라고 부른다. 학교 옆 전철역 이름도 낭테르대학이다.

왜 여기에서 여행을 시작하는가. 현대 사회의 흐름을 바꾼 하나의 사건이 이 대학에서 출발했기 때문이다. 유럽과 아메리카, 그리고 아시아와 아프리카까지 세계를 한 바퀴 돈 1968년 운동의 진원지가 바로 낭테르대학이다.

큰 기대는 하지 말자. 솔직하게 말해서 낭테르대학에는 볼거리가 별로 없다. 낭테르대학은 명성이 있는 곳도 아니고, 역사가 오랜 대학도 아니다. 그렇다고 캠퍼스가 아름답지도 않다. 과장을 좀 섞자면, 파리에서 이렇게 못생긴 곳도 드물다. 본때 없이 큰 운동장과 공장 같은 학교 건물이 전부다. 이 대학 안내 책자를 보면, 자랑거리라고 꼽을 수 있는 것이 두세 가지쯤 된다. 프랑스에서 두 번째로 규모가 큰 대학이라는 것이 그 하나다. 올림픽 규격의 수영장을 가지고 있으며, 스포츠 시설이 뛰어나다는 것이 그 다음쯤 된다. 아무리 생각해 봐도 대학의 자랑은 아닌 것 같다.

운동장에서 돌멩이를 하나 집어서 힘껏 던져 본다. 포물선을 그리며 떨어진다. 1968년 봄, 이 운동장에는 돌멩이와 최루탄이 난무했다. 학생을 설득하기 위해 학교를 찾은 교육부 장관은 올림픽 규격의 수영장에 내던져졌다. 68운동의 시작이었다. 경찰 당국이 낭테르대학을 봉쇄하자, 시위대는 파리 시내로 무

파리 낭테르대학. 세계를 한 바퀴 돈 68운동은 이 대학에서 시작되었다. 멀리 수영장 건물이 보인다.

대를 옮겼다. 지금은 파리 4대학으로 이름이 바뀐 소르본대학이 새로운 시위 본부가 되었다. 노동자들이 시위에 합류하면서 시위 군중은 눈덩이처럼 불어났다. 당시 기록을 보면 100만 명을 넘는 숫자라고 적혀 있다. 시위대는 바리케이드를 쌓고 투석전을 벌였다. 지금은 아주 익숙한 장면이다. 1980년대 치열한 민주화 가두시위를 경험했던 우리 눈으로 보면 더 그렇다.

가벼운 의문이 고개를 든다. 이 평범한 시위가 왜 그렇게 유명해졌는가. 도대체 이 시위가 어떻게 세계사의 흐름을 바꾸어 놓았다는 말인가.

68운동은 이전의 사회 운동 또는 사회 혁명과는 달리 그 주장이 선명하지 않다. 시위에 등장한 구호가 어지럽고 산만하다. '자유 평등 박애'로 요약되는 1789년의 프랑스 대혁명, '공화국 건설'을 요구한 1848년의 유럽 시민 혁명, '자본주의 타도와 사회주의 건설'로 정리되는 1917년의 러시아 혁명 등에서 나타나는 것처럼 분명한 주장을 68운동에서는 찾아보기 힘들다.

'우리는 그 무엇도 주장하지 않는다. 우리는 아무것도 요구하지 않는다. 우리는 단지 점거한다.', '지루함은 반혁명이다.', '상상력에 권력을', '행복은 살 수 없다. 그것을 훔쳐라.', '금지하는 것을 금지하라', '행복이야말로 새로운 이념이다.'

68 시위에 등장했던 구호 가운데 몇 개를 적어 본 것이다. 이것이 시위 구호인가. 마치 요즈음 텔레비전 광고에 등장하는 카피 문구 같지 않은가.

물론 엄숙한 이념이 없어도, 또 체계화된 주장이 없어도 시위는 일어날 수 있다. 때로는 혁명으로 발전할 수도 있다. 배고픔에 시달릴 때 특히 그렇다. 아니, 대부분의 혁명은 굶주림에서 시작한다. '빵을 달라'는 절박한 욕구보다 더 큰 폭발력을 가진 사회적인 힘은 없다. 그러나 68운동은 굶주림과는 거리가 멀

1968년 5월 파리 시위 당시에 등장했던 포스터들.
출처 http://membres.lycos.fr/mai68/affiches/affiches.htm

다. 68운동에 참여한 한 노동자의 주장이 이를 웅변한다.

"1936년 이후 나는 임금 인상을 위해 투쟁했다. 내 아버지도 임금 인상을 위해 투쟁했다. 이제 나는 텔레비전과 냉장고, 그리고 폭스바겐을 가지고 있다. 그러나 나는 쓰레기 같은 삶을 살았다. 보스와는 타협하지 말라. 보스를 추방하라."

그렇다. 68운동에는 거룩한 이념만 없는 것이 아니라, 빵을 달라는 눈물겨운 이야기도 없다. 그래서 1789년 대혁명 당시 "빵이 없으면 케이크를 먹으면 될 것 아니냐"고 말했다는 마리 앙투아네트 왕비의 쓴웃음을 자아내는 이야기도, 1830년 시민 혁명을 시대 배경으로 한 소설《레미제라블》의 주인공 장발장처럼 빵 한 조각 훔친 죄로 19년간 감옥살이를 한 가슴 아픈 사연도 1968년의 드라마에서는 찾아보기 힘들다. 68 시위의 불을 점화한 것은 빵이 아니었다. 시위의 불씨를 지핀 것은 엉뚱하게도 남녀 성별로 나누어진 학생 기숙사를 없애라는 요구였다.

철부지들, 이건 미쳤군. 기성세대는 그렇게 생각했다. 68운동 이후 낭테르대학에는 '미친 낭테르'라는 별칭이 붙었다. 자기밖에 모르는 철부지 대학생들과 배부른 노동자들이 어우러진 난장판, 이것이 기성세대의 눈에 비친 68운동의 모습이었다.

시위대는 거꾸로 생각했다. 정말 미친 것은 낡은 세계의 틀 속에 갇혀, 그 하찮은 체제 가치를 목숨처럼 소중하게 생각하는 기성세대 아닌가. 그래서 시위대는 외쳤다. "나이 서른이 넘는 사람과는 이야기하지도 마라.", "도망쳐라. 동지여! 낡은 세계가 너를 뒤쫓고 있다."

시위대는 '체'체 게바라와 '마오'마오쩌둥를 연호했다. "체 체 체!", "마오 마오 마오!" 아르헨티나 출신으로 남미 혁명에 온몸을 던진 체 게바라, 중국 문화 혁명을 기획한 마오쩌둥 등이 68운동의 아이콘이었다. '빨강 낭테르'라는 또 하나의 수식어가 낭테르대학에 붙었다. 여기서 빨강은 공산주의를 뜻한다.

68운동이 좌파 혁명의 색조를 띤 것은 분명하다. 그러나 좌파 이데올로기를 신념 체계로 받아들였다기보다는 좌파가 가진 저항 정신을 사랑했다고 보는 것이 더 정확할지도 모른다. 마치 체 게바라의 형형한 눈빛과 불꽃같은 이미지가 좋아서 체 게바라 티셔츠를 입고 다니는 요즈음 젊은이들처럼. 68 시위에는 이런 구호도 있다. "공산당을 떠날 때는 당신이 공산당에 왔을 때처럼 모든 것을 깨끗하게 한 뒤에 떠나시기 바랍니다.", "나는 그루초 경향의 마르크시스트다." 전자는 공산당코뮈니스트 파티을 별장 파티에 비유해서 패러디한 것이고, 후자는 공산당 선언을 한 칼 마르크스가 아닌 뉴욕 출신의 코미디언 그루초 마르크스를 등장시켜 마르크시즘을 비튼 것이다. 시위 구호가 아니라, 마치 한바탕 개그 프로그램을 보는 것 같지 않은가.

68운동에 우호적인 시각을 가지고 있는 앙드레 글뤼크만은 68운동을 신좌파 운동으로 보는 것에 반대한다. 시위대는 낡은 세계에 대한 '이의 제기'의 표시로 돌멩이를 던졌다는 것이다. 동의한다. 문제는 그 돌멩이가 정확하게 낡은 세계의 무엇을 겨냥했는가 하는 점이다.

2 ·····

모든 사회 운동은 여러 얼굴을 가지고 있다. 68운동도 예외가 아니다. 68운동같이 세계를 한 바퀴 돈 운동이라면 더 복합적이다. 단일 코드로 움직인 사회 운동이었다면, 세계적인 반향이 그렇게 크지는 않았을 것이다.

68운동을 권위주의에 저항한 반정부 운동으로 해석하는 흐름이 있다. 사실이다. 시위대의 돌멩이는 권위주의적인 드골 정부를 겨냥했다. 프랑스의 전쟁 영웅 드골은 경찰을 동원해 시위를 진압하는 데 성공했다. 그러나 드골은 이듬해 역사의 뒤안길로 물러나야 했다.

이런 해석은 독일과 미국의 68운동에서 더 설득력을 갖는다. 1871년 독일 통일 이후 처음으로 학생들이 가두시위에 나섰다는 독일 68운동은 권위주의 정부에 저항한 민주화 운동의 성격이 강하다. 독일에서는 나치 독일의 잔재 청산, 베트남 전쟁 반대, 정부 통제의 언론 조작 철폐, 대학 개혁 등이 시위의 전면에 강하게 부각되었다. 미국에서는 베트남 반전 운동과 함께 그해 4월 흑인 인권운동가 마르틴 루터 킹 목사의 암살로 대학 캠퍼스는 이미 들끓고 있었다. 여기에 대서양 건너편에서 불어온 바람이 뜨거운 가마솥에 기름을 부은 격이 되었다.

동유럽으로 가면 민주화 운동 성격이 더 뚜렷해진다. 서구 언론의 보도로 널리 알려진 체코 '프라하의 봄', 당시에는 유고슬라비아 연방의 하나였던 크로아티아에서 피어난 '크로아티아의 봄'은 전체주의 성격을 띤 공산 정부에 저항한 동구 68 민주화 운동이라고 부를 수 있다.

멕시코에서는 '틀라텔레코의 밤'으로 불리는 비극이 일어났다. 집권 제도혁명당 군부가 학원 민주화를 요구하던 학생 시위대에 총을 난사한 것이다. 1968년 멕시코 하계 올림픽 개막 열흘 전이었다. 정부 발표로는 4명 사망에 20명이 부상을 입었다. 이후 수십 년 동안 이 학살은 쉬쉬하며 입에서 입으로만 떠돌아다녔다. 소문에 따르면, 사망자만 수천 명에 이른다고 했다. 뒤늦게 밝혀진 사망자 수는 200명에서 300명 사이. 마치 1980년 광주를 보는 듯하다.

영국 역사학자 홉스봄이 지적한 대로 68운동은 제2차 세계대전 이후 유일하게 세계에서 동시에 일어난 사회 격변이었다. 그 세계사적 격변의 원동력은 좌와 우의 이념을 떠나 권위주의 또는 전체주의에 대한 저항과 민주화 요구였다. 이 점에서 68운동은 무늬뿐인 민주주의로 위장한 낡은 세계에 돌멩이를 던진 것이다. 사이비 민주주의의 가면을 폭로한 것이다. 그 낡은 세계에서 소외된 흑인, 여성, 그리고 그 밖의 사회적 소수의 목소리를 전하고자 한 것이다.

이 점에서 68운동은 그 전에 일어난 사회 운동과 다르지 않다. 특히 정치적 맥락에서 볼 때, 68운동은 과거와 단절된 것이 전혀 없어 보인다. 인간 존엄에 기초해서 사회적 소수의 인권을 외쳤고, 인간의 얼굴을 한 야만을 폭로했다. 그리고 강대국 중심의 세계 질서 속에 숨어 있던 제국주의적인 성향을 고발했다. 최루탄과 곤봉, 심지어 총탄까지 동원된 벌거벗은 폭력으로 시위는 진압되었다.

시위가 멈춘 지 한 세대가 흐른 지금, 역사의 눈으로 되돌아보면 승자와 패자의 명암은 바뀌었다. 권위주의 정부는 이미 역사 무대에서 사라진 지 오래다. 탱크를 앞세워 '프라하의 봄'을 짓밟은 소련-동구 공산주의 블록은 지난 세기말에 맥없이 무너졌다. 다윗과 골리앗의 싸움이라는 베트남 전쟁에서 미국은 명분과 실리를 모두 잃었고, 베트남은 통일되었다.

여성과 흑인, 그리고 그 밖의 사회적 소수의 권리는 68운동을 계기로 크게 신장되었다. 국제 정치 무대에서 소외되었던 제3세계의 비중이 커진 것도 68운동 후의 일이다. 완전한 성공은 아니지만, 68운동이 제기한 기존 사회에 대한 이의 제기는 충분히 받아들여진 셈이다.

그러면 이것으로 68운동 이야기는 끝인가. 아니다. 못다 한 이야기가 남아 있다. 아니, 이제부터가 본격적인 이야기의 시작이다. 그것은 한 시대가 종막을 고하고, 새 시대의 시작을 알리는 징후로서의 68운동과 그 후폭풍에 관한 이야기다. 이것이 우리가 파리 철학 여행을 하는 주제이기도 하다. 간추려서 미리 말하면, 그것은 '근대' 또는 '근대성'으로도 불리는 역사의 한 시대가 마감되고, 아직은 무엇이라 규정하기 힘든, 그래서 편의상 흔히 '근대 이후에 온 것포스트모더니티'이라고 부르는 새 시대의 징후가 68운동을 계기로 포착되었다는 사실이다.

3 ·····

역사 교과서를 통해 우리는 서구 근대가 르네상스, 종교개혁, 계몽주의 등 그 성격을 달리하는 사회 · 문화 운동에서 시작되었다는 사실을 안다. 그리고 사회 교과서를 통해 정치적으로는 민주주의, 경제적으로는 시장경제가 근대를 지탱하는 두 축이라는 사실을 배운다. 이러한 근대에 유럽인들은 시민 혁명을 통해 왕정을 무너뜨리고 공화정을 세웠다. 생산력 증대를 위한 산업혁명을 성공적으로 완수했다. 피와 땀의 산물이었다. 유럽에서 시작한 근대는 20세기 들어 전 세계로 퍼져 나갔다. 우리나라에서도 지난 세기에는 근대화와 산업화가 국가 경영의 화두였다.

이처럼 근대는 그 시작과 성격이 분명하다. 그러면 근대의 끝은 어디인가. 어느 지점이 근대의 종착역인가. 근대를 설계한 기획자들은 그 마지막 단계를 상정하지 않았음이 분명하다. 근대의 설계도는 '하얀 백지'에서 시작한다. 그 이전 시대를 아무것도 없는 하얀 백지로 만든 것이다. 풀어서 말하면, 근대는 그 전 시대인 중세를 철저히 부정하는 데서 출발했다. 근대의 눈으로 본 중세는 깜깜한 암흑의 시대다. 그 암흑을 벗기고 새로 태어난 근대는 새로운 계몽의 시대다. 그러나 근대를 설계한 기획자들은 근대의 설계도가 근대 이후의 시대에 또 하나의 백지 취급을 받을 것이라는 점은 아예 생각하지 않았다.

근대 설계도에서 키워드는 단연 '이성'이다. 이성은 진리를 밝히는 빛으로 여겨졌다. 이 빛은 세계의 모든 비밀을 풀 수 있다고 계몽주의 철학자들은 생각했다. 이 시기에 탄생한 근대 과학이 이런 믿음을 가속화했다. 이성의 빛이 자연을 비출 때 자연과학이 태어난 것처럼, 이성의 빛이 인간과 사회, 그리고 세계를 비출 때 인간과 사회, 그리고 세계의 모든 비밀이 밝혀질 것이라는 사실을 믿어 의심하지 않았다. 역사의 발전과 인류의 행복을 약속한 이 야심찬 기획은 흔히 '근대 프로젝트' 또는 '계몽 프로젝트'라는 이름으로 불린다.

과연 근대 프로젝트는 성공했는가. 이 물음에 대한 답은 근대 프로젝트의 결과물로서 현대 사회를 살아가는 우리가 내려야 한다. 여러분은 과학이 세계의 비밀을 풀었다고 생각하는가. 과학이 인간의 비밀을 얼마나 밝혀냈다고 보는가. 인류 사회는 과연 진보했는가. 그리고 지금 당신은 행복한가.

1968년 5월 파리로 되돌아가자. 68 세대는 행복하지 않다고 말했다. 집에는 텔레비전도 있고, 냉장고도 있고, 한때 그렇게 갖고 싶었던 폭스바겐 자동차도 있지만 행복하지 않다고 했다. 그런 것들을 위해 싸웠던 삶이 쓰레기 같다고도 했다.

1960년대 서구 사회는 높은 경제 성장률과 낮은 실업률을 기록한 황금 시기였다. 소득은 크게 늘었고, 사회는 안정기에 들어섰다. 대학 문이 넓어지고 대학생 수도 크게 늘었다. 68 세대는 근대 프로젝트의 혜택을 크게 받은 세대라고 할 수 있다. 당시 시위에 참여한 낭테르대학 학생들이 만일 한 세대 전에 태어났다면, 그들 중 절반이 넘는 사람은 대학에 다닐 수 없었을지도 모른다. 전후 프랑스의 대학생 숫자는 약 3배 정도 차이가 난다. 그러나 학생들은 '책은 덜 읽고, 삶은 더 생생하게'를 구호로 외쳤다. 근대 프로젝트 설계자들과는 달리, 학생들은 앎과 삶이 상관관계에 있다고 보지 않았던 것이다. 경제 상황은 크게 좋아졌다. 특히 '라인강의 기적'이라고 불리는 독일의 경제 부흥은 눈부셨다. 그러나 독일 68 세대는 그것을 역사의 진보로 보지 않았다. 나치 독일의 잔재를 덮어 버린 대가로 얻은 역사의 퇴행으로 여겼다.

이렇게 볼 때 68운동은 단순히 인류의 행복과 역사의 발전을 가로막는 권위주의 정부에 돌멩이를 던진 것이 아니다. 68운동의 돌멩이가 겨냥한 것은 바로 인류의 행복과 역사의 발전을 약속한 근대라는 이름의 신화였다. 68 시위 때 낙서와 포스터, 패러디와 아이러니 등이 유난히 많이 등장한 것은 엄숙한 근대 프로젝트를 조롱한 것이다.

나는 68운동에서, 특히 파리 68운동에서 근대 프로젝트를 계속 추진하고자 하는 힘과 근대 프로젝트를 조롱하고 폐기하려는 힘을 동시에 발견한다. 이것을 나는 68운동의 이중성이라고 부르고 싶다. 68운동에는 두 얼굴, 곧 모더니티의 얼굴과 포스트모더니티의 얼굴이 공존한다.

4 ·····.

68운동의 이론적 토대를 제공한 철학자로 거론되는 아도르노는 근대 프로젝트가 미몽을 깨뜨린 계몽 프로젝트가 아니라, 그 자체가 미몽이고 주술이라는 점을 설파했다. 그가 독일 프랑크푸르트학파의 동료인 호르크하이머와 함께 쓴《계몽의 변증법》이라는 책에서 밝힌 메시지다.

근대 프로젝트를 주관한 이성이 도마 위에 올랐다. 아도르노는 이성을 비판적 이성과 도구적 이성으로 구분했다. 이성은 그 본질에 있어서 비판성을 생명으로 한다. 그러나 근대에서 이성은 비판적 이성으로서의 성격을 잃어버리고 도구적 이성으로 전락했다. 그 대가를 톡톡히 치른 것이 양차 세계대전과 홀로코스트나치 독일의 유대인 학살였다. 잃어버린 비판성을 되찾는 것, 곧 비판적 이성을 복원하는 일이 무엇보다 시급한 과제라고 프랑크푸르트학파는 보았다. 그래서 프랑크푸르트학파의 견해는 흔히 '비판 이론'이라고 불린다.

아도르노와 함께 68 세대에게 큰 영향을 준 프랑스 철학자 미셸 푸코는 근대 프로젝트가 소중하게 생각했던 핵심 개념들을 실종시키거나 물구나무서기를 시켜 버렸다. 그는 지식과 권력을 한 묶음으로 묶어 버렸다. 진리와 힘을 하나의 세트로 만들어 버렸다. '아는 게 힘'이라는 프랜시스 베이컨 식의 계몽이 아니다. 진리가 결국은 권력을 누르고 승리한다는 권선징악을 강조하는 것도 아니다. 지식 체계와 권력 체계는 구분이 안 된다는 것이다. 권력을 갖는다는 것은 곧 진리를 소유하는 것이고, 그 역 또한 같다. 지식과 권력은 같은 현상을 부르는 각각 다른 이름에 불과하다는 것이 푸코의 지식/권력의 개념이다.

당연히 푸코는 근대 프로젝트에서 숭고하게 생각한 진리 같은 것에 관심이 없다. 또 당연하게도 진리와 쌍둥이 관계처럼 여기는 객관적인 사실 같은 것에도 관심이 없다. 그 대신 그 사실에 관해 말하고 쓴 담론에 주목한다. 그 담론에 담긴 사물이나 사건에 관심을 기울이는 것이 아니라, 그 담론이 어떻게 형성되고 또 변형되는가 하는 문제에 관심을 갖는다. 예컨대 광기, 감옥, 성에 대한 관념 등이 특정 시기에 어떻게 생겨났는지 그 출처를 밝히는 것이다. 이런 종류의 연구를 보통 계보학이라고 한다. 19세기 말 독일의 철학자 프리드리히 니체가 많이 쓴 방식이다.

하나의 담론에서 여러 진술은 서로 밀접한 관계를 맺는다. 그는 이렇게 말한다.

"그것진술들은 같은 대상들을 가리키고 있다. 같은 스타일을 띠고 있다. 그리고 하나의 전략……, 하나의 공동 제도……, 또는 정치적인 입장과 패턴을 담고 있다."

68운동은 철학사적으로 인간과 세계는 시간이 갈수록 진화하고 발전한다는 근대의 꿈에 종지부를 찍은 일대 사건이었다.

이렇게 각각의 진술이 서로 관계를 맺고 있는 형식을 푸코는 '담론 구성'이라고 불렀다.

이게 무슨 말인가. 보통 담론이란 하나의 주제에 대한 이야기를 말한다. 일반적으로 몇 개의 진술이 모여 하나의 담론을 이루는 경우가 대부분이다. 그런데 그 진술들은 그 담론을 구성하는 규칙을 따른다는 것이다. 한 예를 들자면, 서양 철학사 책에서 '동양 철학이 최고다'라는 담론은 구성되기 힘들 것이다.

따라서 담론을 분석한다는 것은 담론이 형성되는 방식을 분석하는 것이고, 그 담론을 형성하고 있는 사회를 분석하는 것이다. 푸코에 따르면 담론 생산은 어떤 사회에서나 통제되고, 선택되고, 조직되고, 다수에 의해 재분배된다. 즉 담론에는 처음부터 끝까지 권력이 끼어든다. 따라서 담론 생산을 허용하고 분배하는 권력 관계가 곧 진리 체계가 되는 것이다.

근대의 기획에는 하나의 대전제가 있었다. 진리는 '만들어지는' 것이 아니라 '발견되는' 것이었다. 진리는 너와 나의 합의에 의해 결정되는 것이 아니었다. 모든 사람이 진리라고 믿는 사실도 진리가 아닐 수 있으며, 모든 사람이 진리가 아니라고 생각한 것도 진리일 수 있다. 다시 말해 진리는 주체와 상관없이 존재한다는 믿음이었다. 비슷하게 근대 기획자는 진리는 언어와도 무관하게 존재한다고 믿었다. 진리는 그것을 언어로 어떻게 표현하든 관계없이 존재하는 것이었다.

그런데 담론 분석에서는 이 전제가 뒤집혀 있다. 진리는 만들어지는 것이다. 그것도 힘의 크기에 의해 결정된다고 했다. 그리고 그 진리가 만들어지는 과정은 언어 밖의 세계가 아니라, 언어 간의 관계인 담론 분석에서 결정되었다.

푸코가 말하는 담론 개념은 후기 비트겐슈타인이 말하는 '언어놀이' 개념과 일맥상통한다. 언어놀이 개념은 초기 비트겐슈타인의 '그림 이론'을 통해야 이해하기가 쉽다.

초기 비트겐슈타인의 가장 큰 관심은 '언어가 어떻게 세상을 나타낼 수 있는가' 하는 문제였다. 이 질문에 대한 비트겐슈타인의 답이 바로 그림 이론이다. 그것은 '언어는 세계에 대한 일종의 그림이며, 그러한 한에서 언어는 의미를 갖는다' 는 것으로 요약된다.

그러나 후기 비트겐슈타인은 언어와 세계에 대한 관심에서 언어의 사용으로 관심이 이동했다. 언어의 의미 또한 언어와 사물이 어울리는 데 있는 것이라 그 사용에서 찾아야 한다고 했다. 비트겐슈타인은 이것을 놀이에 비유해 언어놀이라고 불렀다. 그는 "무수한 언어놀이가 있다"고 말했는데, 이 말은 초기 비트겐슈타인이 주장한 그림 이론은 그 무수한 언어놀이 가운데 하나라는 뜻이다.

비트겐슈타인이 《철학 논구》에 직접 그린 오리-토끼.
보기에 따라서 오리로도 보이고, 토끼로도 보인다.

우리가 사용하는 언어 바깥에 존재하는 사물을 분석하는 철학에서 우리가 사용하는 언어를 분석하는 철학으로 무게중심이 바뀐 이 일련의 흐름은 흔히 '언어학적 전회'라고 불린다. 천동설에서 지동설로 뒤집은 '코페르니쿠스적 전회'처럼, 이것은 근대 기획자의 대전제를 뒤집는 것이었다.

5 ·····

근대 프로젝트에서 세계를 밝히는 빛이었던 핵심 이념들은 빛을 잃었다. 이성은 그 앞에 '서양 이성' 또는 '근대 이성'이라는 모자를 썼다. 서양이라는 특정 공간, 근대라는 특정 시대에 한정되어 빛을 발했다는 뜻이다. 남성과 백인, 그리고 부르주아의 이익에만 봉사해 왔다는 꼬리표도 이성에 따라다니는 비판이다.

진리 개념도 약화되었다. 근대 프로젝트에서 진리의 개념은 시간과 공간을 초월하고, 너와 나의 견해와는 관계없이 엄연하게 존재하는 것이었다. 따라서 진리는 그것을 인식하는 우리 바깥에, 또는 그것을 표현하는 언어 바깥에 있다고 믿었다. 그러나 언어학적 전회 이후 진리는 우리가 말하는 언어 안으로 들어왔다. 진리는 인간의 인식 바깥에서 발견되는 것이 아니라, 언어로 구성된 텍스트 안에서 구성되는 것이 되었다. 진리라는 용어는 진정성이라는 용어로 슬금슬금 대치되기 시작했다.

너와 나의 주관과는 관계없이 존재한다는 객관적 진리는 너와 나의 주관을 통해서 만들어지는 주체 관련적 진리로 바뀌고, 너에게도 통하고 나에게도 통하고 그 누구에게도 마땅히 통해야 하는 보편적 진리는 너와 내가 믿는 것이 다르다고 하더라도 너그럽게 받아들이면서 그 다양성을 즐기라는 똘레랑스 정신으로 강조되었다.

과학은 더 이상 세계의 모든 비밀을 안내하는 믿음직한 안내자가 아니었다. 단지 지식 체계의 하나일 따름이다. 푸코의 표현을 빌려서 말하면 하나의 과학

담론일 뿐이며, 비트겐슈타인의 표현을 빌려서 말하면 하나의 과학 언어놀이일 뿐이다. 이렇게 본다면 과학은 미신보다 더 우월하지도 않고, 그렇다고 더 열등하지도 않은 하나의 담론 또는 언어놀이일 따름이다. 아니 과학철학자 파울 파이어아벤트의 견해를 빌린다면, 과학은 미신보다 못하다. 오만하고 시끄럽고 더 독선적이기 때문이다.

상대주의는 아주 오랫동안 철학이 반드시 피해 나가야 할 함정이었다. 상대주의자라는 말은 철학자에게 큰 모욕이었다. 그러나 리처드 로티는 충고한다. 이제 철학자들은 더는 상대주의자라는 평가를 두려워하지 말아야 한다고.

근대 프로젝트에 이의를 제기한 이런 담론을 우리는 포스트모더니즘 철학으로 부르기로 하자. 여기서 '부르기로 하자'고 동의를 구한 까닭은 여기에 등장시킨 철학자들 가운데 그 누구도 자신의 철학을 포스트모더니즘 철학이라고 부른 사람이 없기 때문이다. 더 정확하게 말하면, 그들 가운데 누구도 포스트모더니즘이라는 말을 쓴 적이 없다. 유일한 예외가 《포스트모던의 조건》이라는 책을 쓴 리오타르다. 그도 포스트모더니즘이라는 말 대신 포스트모던이라는 말을 사용했을 뿐이다.

그러나 아무리 작은 철학 사전을 들추더라도 포스트모더니즘 철학이라는 항목은 빠짐없이 들어 있다. 묘한 일이다. 방아쇠를 당기지도 않았는데, 사람은 쓰러진 격인가.

6 ·····

리오타르는 포스트모던의 조건을 '거대 설화에 대한 불신'으로 규정한다. 거대 설화는 역사의 진보에 관한 이야기, 과학에 의해 모든 것을 알 수 있다는 이야기, 절대 자유가 가능하다는 이야기같이 거대한 이념 체계를 지닌 이야기를 뜻한다. 우리가 앞에서 근대 프로젝트라고 명명한 것으로 이해하면 크게 벗어나지 않을 것이다. 이러한 거대 설화는 전형적인 근대의 특징이다. 그러나 포스트모던 시대에는 더 이상 이런 거대 설화가 발붙일 곳이 없다. 왜 그런가.

거대 설화는 그 이야기의 보편성을 입증하기 위해 전체를 조망해야 한다. 그러나 모든 것은 다르다. 가치 체계가 다르고, 문화가 다르고, 욕구가 다르다. 다른 가치 체계를 하나의 공통된 잣대로 잴 수는 없다. 다른 문화를 하나의 기준으로 비교할 수도 없다. 내가 가진 욕망의 체계를 너에게 온전하게 전달할 수도 없다. 리오타르는 이 점을 비트겐슈타인의 언어놀이 개념을 빌려서 설명한다. 그리고 언어놀이 사이에는 공약수가 없다고 주장한다.

"내가 공통 잣대가 없다고 말할 때, 그것은 다른 언어놀이 사이에 공통된 것을 알 수 없다는 의미다. 우리는 단지 몇 개의 언어놀이를 알 뿐이다. 그러나 여기서 몇 개의 언어놀이를 안다는 것이 언어놀이 전체를 조망할 수 있는 지점을 확보했다는 의미는 아니다."

리오타르에 따르면, 수없는 언어놀이를 포괄하는 하나의 보편 규칙은 있을 수 없다. 또 하나의 언어놀이를 다른 언어놀이로 온전하게 번역할 수도 없다. 좀 딱딱한 말로 표현하자면, 언어놀이 사이에는 공약불가능성이 있기 때문이다.

자연인가 예술인가? 사진을 세로로 세우면 영락없이 기도하는 어머니와 아이의 모습이다.
《포스트모던의 조건》이라는 제목으로 사진 포털 사이트 플리커(www.flickr.com)에 올라 있는 사진이다.

이게 무슨 말인가? 수학에서 분수 약분을 생각해 보자. 약분을 할 때, 우리는 분자에 있는 숫자 A와 분모에 있는 숫자 B의 공약수를 찾는다. 그리고 공약수 중에서 가장 큰 수, 곧 최대공약수로 분자 A와 분모 B를 나눈다. 그런데 이런 경우는 어떻게 되는가. A가 $\sqrt{2}$고 B가 3이라면? 두 숫자 사이에서 공약수를 찾기는 불가능하다. 무리수와 유리수는 수리 체계가 다르기 때문이다. 따라서 A와 B는 공약이 불가능하다.

공약불가능성이라는 말을 철학에 도입한 이는 과학철학자 토머스 쿤이다. 그는 두 패러다임 사이에는 공약수가 없다고 했다. 패러다임은 요즘에는 한 시대의 가치관 또는 한 시대의 이념 체계를 뜻하는 시사 용어로 많이 쓰이지만, 쿤은 패러다임을 한 시대의 지배적인 과학적 인식의 총체라는 뜻으로 사용했다. 무리수를 유리수로 옮길 수 없고 유리수를 무리수로 옮길 수 없듯이, 한 시대의 패러다임을 다른 시대의 패러다임 용어로 옮길 수 없다고 말했다. 물론 패러다임 전체를 관통하는 하나의 거대한 패러다임도 있을 수 없다. 쿤은 이것을 '패러다임의 공약불가능성'이라고 불렀다.

예를 들어 설명하면 이렇다. 쿤이 그의 주요 저서《과학혁명의 구조》에서 제시한 사례를 요약한 것이다.

천체의 움직임을 설명한 이론에는 프톨레마이오스의 천동설과 코페르니쿠스의 지동설이 있다. 프톨레마이오스의 천동설은 태양이 지구 주위를 돈다는 과학 이론 체계고, 코페르니쿠스의 지동설은 지구가 태양 주위를 돈다는 과학 이론 체계다. 그런데 하나의 이론 체계를 다른 이론 체계의 용어를 동원해서 설명할 수는 없다. 두 이론 체계에는 공약수가 없기 때문이다. 따라서 우리는 그 어느 하나를 선택해야 한다. 프톨레마이오스 천동설은 오랫동안 천체 운동을 설명하는 과학 이론이었다. 그러나 근대 과학은 프톨레마이오스 천동설을 폐기하고, 코페르니쿠스 지동설을 새로운 패러다임으로 받아들였다. 그것은 프톨레마이오스 천동설이 틀렸고, 코페르니쿠스 지동설이 옳았기 때문이 아니다. 프톨레마이오스 천동설은 너무 복잡하고, 코페르니쿠스 지동설은 단순 명료했기 때문이다.

과학의 역사를 볼 때, 한 시대의 패러다임에 기초한 과학 이론은 그 이론 체계에 어긋나는 새로운 사실이 드러날 때마다 위기를 맞는다. 그리고 그 이론 체계를 보완하기 위해 점점 복잡해진다. 그와 함께 과학 공동체의 불만도 점점 높아진다. 그 위기가 절정에 이르면, 마침내 그 패러다임은 무너지고 새로운 패러다임이 나타난다. 패러다임이 전환된 것이다. 과학 혁명이 일어난 것이다. 프톨레마이오스 천동설이 무너지고 코페르니쿠스 지동설이 등장한 것은 바로 이러한 패러다임의 전환이 일어났기 때문이다.

리오타르는 비트겐슈타인이 제시한 언어놀이 개념을 쿤이 말한 공약불가능성 개념과 연결했다. 그것이 언어놀이 사이에는 공약수가 없다는 주장이다. 사실 비트겐슈타인 자신도 비슷한 주장을 했다. 비트겐슈타인은 다른 언어놀이 사이에는 공통 규칙이 없다고 했다. 그러나 비트겐슈타인은 언어놀이 사이에는 유사성이 있다는 단서를 달았다. 마치 가족의 얼굴이 서로 닮은 것처럼. 이것을 비트겐슈타인은 '가족 유사성'이라고 불렀다.

리오타르가 말한 '언어놀이 사이에는 공약수가 없다'는 주장이 옳다고 하자. 그러면 하나의 언어놀이를 하고 있는 사람은 어떻게 다른 언어놀이를 하는 사람을 이해하는가. 표현을 좀 바꾸자. A라는 삶의 형식으로 살고 있는 사람은 어떻게 B라는 삶의 형식으로 살아가는 사람과 의사소통을 하는가(비트겐슈타인이 말하는 언어놀이는 곧 삶의 형식을 말한다). 또다시 표현을 바꾸자. A라는 문화에서 사는 사람은 어떻게 B라는 문화에서 사는 사람과 교류해야 하는가(삶의 형식은 문화를 뜻한다).

리오타르는 다름의 차이를 인정하라고 말한다. 서로 다른 것을 인정하지 않을 때 오히려 더 큰 문제가 일어날 수 있다. 차이를 무시하는 것이야말로 강제로 일치를 요구하는 테러다. 다름에서 오는 갈등과 충돌은 당연하다. 리오타르는 여기서 '디퍼랑드'라는 신조어를 만들어 낸다. '다름에서 오는 분쟁'이라는 뜻으로 리오타르는 이 말을 사용하고 있다.

'분쟁'이라고 번역하면 좀 밋밋하고, '이쟁異爭'이라고 번역하면 그 의미는 분명하나 좀 뻣뻣하다. 디퍼랑드는 각각 다른 언어놀이를 하고 있는 참여자들이 공약불가능성으로 말미암아 분쟁을 일으키는 것을 말한다.

언어놀이 A를 하고 있는 갑과 언어놀이 B를 하고 있는 을이 만난다. 갑과 을은 모두 자신의 생각을 상대방에게 전달하는 데 어려움을 겪는다. 갑과 을의 불만이 쌓인다. 그 불만마저 상대방에게 전달하기가 어렵다. 분쟁과 갈등이 일어난다.

A와 B의 게임 규칙이 서로 다르기 때문에 갑과 을의 불만이 쌓이지만, 그 불만은 제대로 전달되지 않는다. 물론 너도 나에게 마찬가지 불만을 가지고 있지만, 너의 불만도 나에게 제대로 전달되지 않는다. 그래서 분쟁이 일어난다. 이견에서 나오는 분쟁이라고 할 수 있다. 게임 규칙이 다르기 때문에 일어나는 일이다. 다른 말로 표현하면, 공약이 불가능하기 때문에 일어나는 일이다.

근대에는 A와 B를 포괄하는 게임 규칙이 있다고 생각했다. 심지어는 A, B, C, D, E…… 전체 게임을 포괄하는 게임 규칙이 있다고 생각했다. 그러나 불행하게도 그런 보편 규칙은 존재하지 않는다. 그렇다면 그 보편 규칙을 강요하지 마라. 그것을 강요하는 것은 허위고, 테러다. 진리는 전체에 있지 않다. 진리는 국지적이다. 리오타르는 이것이 포스트모던 시대의 조건이라고 생각했다.

그러면 하나의 언어놀이 속에 있는 우리는 어떻게 다른 사람을 이해하는가. 우리는 어떻게 다른 문화를 이해하는가. 무엇보다도 언어놀이 사이에 소통할 수 없는 벽이 가로막혀 있다면, 우리는 어떻게 의사를 소통하는가.

리오타르는 감수성을 이야기한다. 다름을 이성을 통해서 이해하지 말고, 감수성을 통해 느끼라는 것이다. 그것이 타자를 더 잘 이해하는 방법이다. 또 리오타르는 관용을 이야기한다. 디퍼랑드는 분쟁과 갈등을 내포하고 있지만, 실제로 현실화된 것은 아니다. 그 분쟁을 터뜨리는 것은 타자에게 정의롭지 못한 행위를 하는 것이다. 나치 독일이 유대인을 집단 학살한 아우슈비츠의 비극이 대표적이다. 따라서 다름을 너그럽게 받아들여야 한다. 아니, 그 다양성을 위해 축배를 들어야 한다. 이것이 바로 포스트모던의 조건이다.

7 ·····

한때 서구 사회가 이상향으로 생각했던 근대의 희망찬 메시지에서 얼마나 떨어져 있는가를 돌아본다. 근대 프로젝트는 처음부터 이룰 수 없는 헛된 꿈이었던가. 아니면 재앙을 예고한 악몽에 불과했는가.

프랑크푸르트학파의 막내, 위르겐 하버마스는 근대 프로젝트를 변호한다. 하버마스에 따르면, 근대 프로젝트는 실패했다. 그러나 아직 끝나지 않은 프로젝트다. '실패했지만 아직 끝나지 않은 근대화 프로젝트', 이것은 하버마스가 아도르노상을 받던 1980년 시상식장에서 행한 연설 제목이다.

하버마스는 근대가 하나의 신화라는 아도르노의 지적에 동의한다. 이성이 도구화되었다는 진단에도 동의한다. 이 때문에 이성이 기획한 계몽 프로젝트는 실패했다. 그러나 근대 프로젝트를 쓰레기통에 통째로 집어넣어서는 안 될 일이었다. 하버마스는 근대가 전근대에 비해 개혁적이고 건강하다고 보았다. 그는 아직도 세계 곳곳에 전근대적인 야만이 독버섯처럼 남아 있다고 보았다. 근대 프로젝트가 지닌 개혁적 추동력을 교묘하게 멈춰 세워 보려는 새로운 보수주의를 경계했다. 아직은 근대 프로젝트에 방점을 찍을 때가 아니라고 하버마스는 생각한 것이다.

하버마스는 시간과 공간을 초월하는 진리가 있다고 생각하지 않았다. 그것은 형이상학적인 토대 위에서 세워진 사변 철학에서나 꿈꾸는 목표다. 하버마스는 형이상학을 배격한다. 그렇다면 그는 무엇을 기초로 아직 끝내지 못한 계몽 프로젝트를 완수하고자 하는 것인가.

하버마스는 이성의 의사소통적인 측면을 실패한 근대 프로젝트를 다시 일으켜 세우기 위한 주춧돌로 삼았다. 하버마스는 이성을 시간과 공간을 초월한 형이상학 세계에서 끄집어내, 우리가 매일매일 살아가는 생활 세계로 소환했다. 따라서 하버마스가 말하는 이성은 시간과 공간 축을 벗어난 곳에 있는 사변적 이성이 아니라, 우리가 살아가는 공간에서 문맥화된 이성이다. 역사 공간에서 제약을 받는 이성이다. 이것을 하버마스는 '의사소통적 이성' 또는 '의사소통적 행위'라고 불렀다. 이 생활 세계로 던져진 이성을 단서로 하버마스는 너와 나의 생각, 너와 나의 행위에서 보편성을 모색하고자 했다.

리오타르는 언어놀이는 서로 공약수가 없다고 했다. 그렇기 때문에 합리성으로 풀 수 없다고 했다. 그러나 하버마스는 달리 생각했다. 언어놀이는 섬처럼 떨어진 것이 아니라고 생각했다. 언어놀이를 상호 교통하게 하는 소통 구조가 있다고 생각했다. 그 단절된 소통 구조를 연결하는 열쇠가 의사소통적 합리성이다.

리오타르는 보편성을 이룰 수 없는 꿈이라고 말했다. 그래서 모든 진술은 언어놀이 안에서만 타당성을 가질 수밖에 없다고 이야기했다. 그러나 하버마스의 입장은 달랐다. 모든 언어놀이가 국지적인 성격을 띠고 있는 것은 인정했다. 모든 언어놀이를 조망할 수 있는 형이상학적 지점이 없다는 것도 인정했다. 그러나 그것이 곧 보편적 정당성을 갖지 못한다는 주장이 될 수는 없다. 한편으로는 진공 상태의 공간을 상정하는 형이상학적 독단에 빠지지 않고, 다른 한편으로는 진리를 특정 시간과 공간의 산물로 한정하는 상대주의적 오류에 빠지지도 않는 보편적인 진리가 있다고 하버마스는 생각했다.

하버마스가 주장한 의사소통 이론은 이런 점에서 근대 프로젝트를 다시 소환한 것이다. 여기서 하버마스는 두 부류의 적과 싸운다. 첫째는 계몽 프로젝트를 설계한 형이상학에 근거를 둔 당초의 기획자들이다. 하버마스는 이성을 형이상학에서 끌어내려, 생활 영역에 앉혀 놓기 위해 싸운다. 그 다음은 근대 프로젝트를 폐기 처분하려는 포스트모던 계열의 철학이다. 그는 근대 질서의 핵심인 합리성을 통째로 쓰레기통에 버릴 때, 서로가 서로를 이해하는 소통 구조가 단절되는 위험성을 보았던 것이다.

8 ·····

이제 낭테르대학을 떠날 때다. 차는 학교 운동장에 세워 두고 지하철로 시내에 들어갈 생각이다. 그게 편하다. 살인적으로 비싼 파리 주차비를 공짜로 해결하겠다는 속셈도 있다. 일단 파리의 신도시 라데팡스로 갈 생각이다. 공장같이 세워진 낭테르대학이 기능을 중시하는 모더니즘 건축물에서 일어난 포스트모던의 반역이라면, 라데팡스에는 근대의 편리한 기능과 포스트모던 상상력이 주는 즐거움이 있다. 포스트모더니즘이라는 말을 퍼뜨린 건축 공부에 좋을 것이다. 그 뒤에는 라데팡스에서 메트로 1호선을 타고 개선문과 샹젤리제 거리, 그리고 루브르궁으로 이어지는 코스가 어떨까. 이 여정은 시간을 거슬러 가는 근대 여행으로 제격이다. 파리는 마치 시계열로 배열된 도시 같다는 생각을 한다.

> "우리의 언어는 오래된 도시로 볼 수 있다. 즉 골목길과 광장, 오래된 집과 새집, 그리고 서로 다른 시기에 증축된 부분을 가진 집으로 이루어진 하나의 미로. 그리고 이것을 둘러싼, 곧고 규칙적인 거리와 획일적인 집을 가진 다수의 새로운 변두리." 〈철학 논구〉에서

젊은 비트겐슈타인은 일상 언어가 가진 모호함을 뜯어고치면 철학의 거짓 문제를 허물 수 있다고 생각했다. 젊은 비트겐슈타인이었다면 이 같은 단상을 적지 않았을 것이고, 아마도 새로운 도시 개조를 이야기했을 것이다. 후기 비

낭테르대학 전철역. 이곳에서 전철을 타면 파리 메트로 지하철과 연결된다.

트겐슈타인은 오래된 도시를 그냥 관조할 뿐이다. 미로도, 획일적인 집도, 골목길도 뜯어고칠 대상이 아니라, 모두 도시의 한구석이라고 생각한 것이다.

갑자기 모더니티와 포스트모더니티의 논쟁이 덧없다는 느낌이 든다. 모더니티든 포스트모더니티든, 결국 도시의 한구석에 흔적으로 남을 뿐이다. 우리는 이 오래된 도시의 새로운 변두리를 겨우 보았을 뿐이다.

3 우리는 하나의 세계에 살고 있다 ∷ 실재의 귀환

우리는 누구나 자신이 위치한 시간과 공간 좌표에서 세계를 본다. 그리고 각자가 속한 특정 문화의 시각에서 세계를 이해하고 해석한다. 지도에 비유하자면 유럽이 그리는 세계는 유럽이 중심인 세계 지도와 비슷하고, 아시아가 그리는 세계는 아시아가 중심인 세계 지도와 비슷하며, 오스트레일리아가 바라보는 세계는 남반부가 중심이 된 세계 지도에 근접해 있다.

우리는 과연 자신의 관점을 뛰어넘는 세계를 정확하게 그릴 수 있을까?

그것이 불가능하다면, 우리는 하나의 세계가 아닌, 복수의 세계에서 살고 있다는 말인가?

1 ·····

시계를 현재 시각으로 맞춘다. 이번 철학 여행의 시점은 어제의 세계가 아니다. 오늘의 공간을 여행할 것이다. 이번에는 비엔나와 파리같이 특정 도시를 찾아 나서지 않는다. 그 대신 오늘의 세계 공간에서 서양 철학의 전통을 탐색한다. 그런 점에서 이번 여행을 숨은 그림 찾기라고 불러도 좋다.

먼저, 여러분이 가진 세계 지도를 책상 위에 펼쳐 놓기를 부탁한다. 잠깐! 여러분이 가진 세계 지도는 어떤 것인가? 한반도가 지도 가운데 있고, 유럽과 아프리카 대륙이 왼쪽, 태평양 건너 아메리카 대륙이 오른쪽에 있는가? 좋다.

나는 지금 세 장의 세계 지도를 가지고 있다. 첫째는 태평양이 중심인 지도다. 우리나라에서 많이 사용하는 세계 지도다. 미루어 짐작하건대, 아시아에 있는 여러 나라에서도 이 태평양이 중심인 지도를 애용하고 있을 것이다. 우리는 이 지도를 '아시아 중심 세계 지도'라고 부르기로 하자.

두 번째 지도는 아메리카 대륙이 중심인 지도다. 남북 아메리카를 중심에 두고 왼쪽에는 태평양, 오른쪽에는 대서양이 놓여 있다. 태평양 건너편에 아시아와 오세아니아, 대서양 건너편에 유럽과 아프리카가 각각 자리한다. 이 지도를 '아메리카 중심 세계 지도'라고 부르자.

세 번째는 유럽과 아프리카가 가운데 있는 세계 지도다. 이 지도를 보면 우리나라가 자리한 한반도와 일본이 오른쪽 끝에 놓여 있다. 이것을 보면 우리나라를 왜 동아시아 또는 극동이라고 부르는지 금방 알 수 있다. 이 지도를 '유럽 중심 세계 지도'라고 부르자.

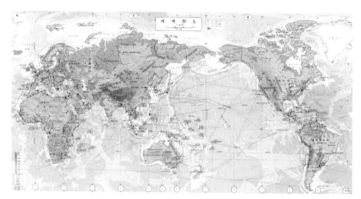

태평양이 지도의 중심에 자리한 세계 지도. 태평양 중심 지도
또는 아시아 중심 지도라고 불린다. 우리나라에서 많이 사용되는 지도다.

아메리카 대륙이 중심을 차지하는 세계 지도.
미국과 캐나다 등 아메리카에서 많이 사용하는 지도다.

유럽과 아프리카 대륙이 중심을 차지하는 세계 지도. 세계 지도의 표준처럼 사용된다.

이 세 가지 세계 지도 가운데 세계를 가장 정확하게 그린 세계 지도는 어느 것일까? 어리석은 질문이다. 같은 도법을 사용한다면, 그 정확도는 마찬가지다. 세계를 바라보는 눈이 위치한 곳에 따라 지도의 그림이 다르게 나타났을 뿐이다.

2 ∙∙∙∙∙

여기 또 한 장의 흥미로운 세계 지도가 있다. 1979년 오스트레일리아의 스튜어트 맥아더라는 사람이 만든 남북이 뒤집힌 세계 지도다. 이 지도를 만들 때 그는 스물한 살의 멜버른대학 학생이었다.

이 지도가 만들어진 데는 다음과 같은 사연이 있다. 맥아더는 열다섯 살 때 교환 학생으로 일본에 간 적이 있다고 한다. 그는 일본에서 세계 밑바닥에서 올라온 녀석이라는 꼬리표를 달고 다녔다. 특히 미국에서 온 교환 학생들에게 그런 놀림을 심하게 받았다. 화가 난 맥아더는 언젠가 새로운 지도를 만들겠다고 결심했다고 한다. 멜버른대학에 들어간 맥아더는 오스트레일리아가 세계의 밑바닥에 깔린 지도가 아니라, 세계의 꼭대기에 있는 지도를 만드는 작업에 들어갔다.

그는 세계를 물구나무서기시켰다. 남과 북의 방향을 거꾸로 뒤집었다. 그리고 오스트레일리아를 한가운데에 배치했다. 아시아 중심의 지도처럼. 그랬더니 전 세계가 오스트레일리아를 떠받드는 것 같은 왕관 모양의 오스트레일리아 모습이 나타났다. 맥아더 수정판 세계 지도라고 불리는 이 지도는 지금까지 모두 33만 장이 팔렸다고 한다.

여기서 다시 질문을 던져 보자. 맥아더가 그린 오스트레일리아가 중심인 세계 지도가 앞에서 우리가 본 다른 세계 지도보다 정확성이 떨어지는가? 그렇지 않다. 같은 도법을 사용했다면 그 정확도는 마찬가지다. 맥아더 지도가 우리 눈에 어색하게 보인다면, 그것은 맥아더 지도가 부정확하기 때문이 아니다.

단지 우리가 세계를 뒤집어서 보는 것이 낯설기 때문이다.

맥아더 세계 지도는 보는 눈에 따라 세계가 달리 보인다는 사실을 웅변한다. 물론 세계가 달라진 것이 아니다. 세계를 보는 관점이 다르기 때문에 세계가 달리 보이는 것일 따름이다.

우리는 누구나 자신의 눈으로 세상을 바라본다. 자신의 관점으로 사물을 관찰한다. 자신의 시각으로 세상사를 이해하고 해석한다. 너와 내가 위치한 곳이 다르고, 너와 내가 자라난 환경이 다르듯이 너와 내가 세계를 바라보는 눈도 각각 다르다. 그것은 피할 수 있는 일도 아니고, 극복해야 할 일도 아니다.

그렇다. 우리는 누구나 자신이 위치한 시간과 공간 좌표에서 세계를 본다. 그리고 각자가 속한 특정 문화의 시각에서 세계를 이해하고 해석한다. 지도에 비유하자면, 유럽이 그리는 세계는 유럽이 중심인 세계 지도와 비슷하고, 아시아가 그리는 세계는 아시아가 중심인 세계 지도와 비슷하며, 오스트레일리아가 바라보는 세계는 맥아더 수정판 세계 지도와 가까울지도 모른다.

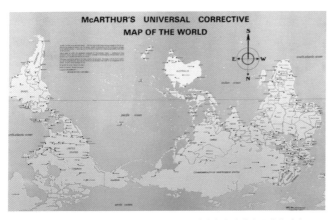

남북이 뒤집힌 맥아더 수정판 세계 지도. 오스트레일리아가 세계의 중심에 있다.

3 ·····

만일 우리가 새처럼 하늘 높이 솟아서 세계를 바라본다면? 그렇다면 군이 유럽 중심이니, 아시아 중심이니, 오스트레일리아 중심이니 하는 관점의 벽을 넘어설 수 있을까? 새의 눈으로 그린 조감도처럼.

새보다 더 높은 곳으로 올라간 인공위성에서 바라본 지구 사진을 본다. 한반도를 포함한 아시아가 선명하게 잡혀 있다. 자, 그렇다면 이제 우리는 이 한 장의 사진으로 너와 나의 시각을 뛰어넘는, 그리고 세계를 오차 없이 정확하게 그린 객관적인 그림을 드디어 확보한 것인가. 이로써 시각의 차이, 또는 관점의 차이에 따른 시비는 마침내 종지부를 찍은 것인가.

인공위성 사진은 기존의 세계 지도보다 훨씬 더 생생하게 우리가 살고 있는 세계를 보여 주는 데는 성공했다. 그러나 유감스럽게도 이 한 장의 사진이 세계의 전체 모습을 다 드러내지는 않는다. 둥근 공 모양의 지구를 한 지점에서 바라보았기 때문에 보이는 부분과 보이지 않는 부분이 각각 절반이다. 또 정면이 아닌 기울어진 각도에서 잡힌 피사체에서 일그러짐 현상이 꽤 나타난다. 물론 다른 각도에서 찍은 다른 인공위성 사진을 사용하면 그 왜곡된 모습은 보정할 수 있을 것이다. 그러나 이 사진을 찍을 당시의 인공위성의 위치가 밝혀지지 않는다면, 지구 사진에 드러난 왜곡 현상을 보정하는 데 애를 좀 먹을 것이다.

결국 하늘 높이 올라가서 세계를 바라본다고 하더라도, 관점을 뛰어넘을 수는 없다는 사실을 확인할 수 있다. 단지 지상에서의 관점이 공중에서의 관점으로 바뀌었을 뿐이다. 새의 눈으로 바라보든 인공위성의 카메라로 보든, 또는 그리니치 천문대에서 바라보든, 그 어떤 경우라도 우리가 세계를 바라보는 관점을 뛰어넘을 수는 없다.

관점을 뛰어넘는 객관적인 시각을 강조하기 위해 '새의 눈으로 본 세계'라는 말을 사용한 철학자는 에이어다. 그는 비엔나 서클의 논리실증주의를 영미 세계에 소개한 영국의 분석철학자다. 우리가 1장에서 살펴본 비엔나 서클의 과학적 세계관에서는 관점이 중요하지 않다. 아니, 관점이라는 개념이 증발되어 있다. 더 이상 환원할 수 없는 기본 단위가 지각에 즉각적으로 주어진 데이터이기 때문이다. 이른바 센스 데이터다. 그 센스 데이터가 너를 통해서 입력된 것인지, 나를 통해 입력된 것인지는 중요하지 않다. 단지 그 센스 데이터의 진위를 가릴 수 있는 검증 여부가 중요할 뿐이다.

미국의 철학자 힐러리 퍼트남은 '새의 관점'을 '신의 관점'이라는 말로 바꾸었다. 그러나 퍼트남은 관점을 뛰어넘는 세계에 대한 객관적인 기술을 할 수 있다는 것을 강조하기 위해서가 아니라, 관점을 뛰어넘어 세계를 있는 그대로 본다는 것이 애당초 불가능하다는 점을 강조하기 위한 역설적인 표현으로 이 말을 썼다. 너와 나의 특정 관점을 뛰어넘어, 세계를 있는 그대로 볼 수 있는 관점을 확보했다는 것은 곧 '신의 관점'과 같은 도그마라는 뜻이다. '신의 관점'은 그 어디에선가 세계를 바라보아야 하는 우리 인간에게는 성립할 수 없다. 달리 말해서 '신의 관점'이란 '그 어디에도 있을 수 없는 곳에서의 관점'이다.

인공위성에서 바라본 지구. 오른쪽에 한반도가 선명하게 보인다.

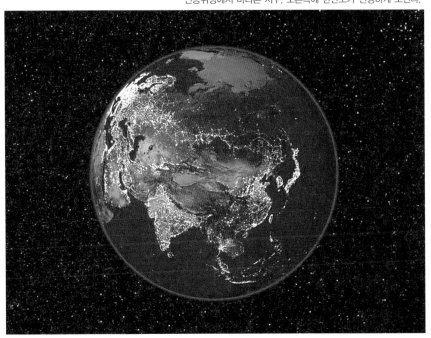

4 ·····.

서양 근대 문화는 어떤 점에서 세계 지도 그리기와 비슷하다는 생각을 한다. 세계를 있는 모습 그대로, 또는 그에 가깝게 그린다는 것이 분명 쉬운 일은 아닐 것이다. 그림을 정확하게 그리고, 또 그렇게 그려진 그림을 검증하기 위해서는 계량화와 표준화 작업이 꼭 필요하다. 기준점도 당연히 정해야 한다. 경도의 기준선이 그리니치 천문대를 통과하는 자오선으로 잡히고, 세계 표준 시각이 그리니치 천문대의 현지 시각으로 정해진 것이 한 예일 것이다.

그러나 동서의 기준이 되는 경도 좌표는 제멋대로다. 지구의 자전에 기초해 기준점이 정해진 위도 좌표와는 다르다. 본초 자오선이 굳이 런던의 그리니치 천문대를 통과해야 할 필연적인 이유는 없다. 그 기준선을 경주 첨성대로 옮기더라도, 또는 날짜 변경선으로 바꾼다고 하더라도 상관없는 일이다. 어차피 지구는 공처럼 둥글고, 동과 서의 기준을 정한 것은 국제 협약에 따른 약속 아닌가.

외계인에게 지구를 소개한다고 가정해 보자. 이때 '유럽 중심 세계 지도'를 세계를 대표하는 지도로 내세울 수도 있다. 그러나 '유럽 중심 세계 지도'가 세계를 가장 잘 그린 지도는 아니라는 점은 분명하다. 이 점을 분명히 한다면 유럽인이 그린 '유럽 중심 세계 지도'가 경도 좌표를 런던 그리니치 천문대를 통과하게 설정한 것을 지적 재산권 개념으로 인정한 것처럼 너그럽게 넘길 수도 있다. 그러나 만일 유럽이 세계를 바라보는 유럽의 시각을 제공하는 데 그치지 않고, 유럽이 그린 세계의 그림을 나머지 세계에 그대로 받아들이라고 강요한다면, 그것은 패권적인 성격을 띨 수밖에 없다. 실제로 근대의 역사는 패권주의에 사로잡힌 유럽 제국주의의 역사다. 그리고 그 뒤에는 유럽이 세계 표준이며, 그 기준에 잘 맞지 않는 것은 야만적이고 비합리적이며 열등하다는 굴레를 씌워 버린 유럽 중심주의가 도사리고 있었다.

우리는 유럽 중심과 유럽 중심주의를 구분하기로 하자. 유럽인이 유럽을 중심으로 세계를 바라보는 것은 당연하다. 어찌 유럽인이 아시아를 중심으로 세계를 바라보겠는가? 북반구에 살고 있는 유럽인이 남반구를 중심으로 세계를 바라볼 필요가 굳이 있겠는가? 아시아인이 아시아를 중심으로 세계를 바라보고, 오스트레일리아인이 오스트레일리아를 중심으로 세계를 바라보는 것처럼, 유럽인이 유럽을 중심으로 세계를 보는 것은 당연한 일이다. 누구나 자기 시각으로 세상을 바라보는 법이니까.

그러나 유럽인이 유럽의 시각으로 바라본 세계를 다른 세계에 살고 있는 사람에게 '이것이 진짜 세계 지도'이며, 그것도 '세계를 제대로 그린 하나밖에 없는 진짜 세계 지도'라고 강요한다면, 하나의 시각으로서 '유럽 중심'이 아니라 패권적인 성격의 '유럽 중심주의'로 넘어간다.

5 ·····

퍼트남이 '신의 관점'을 이야기한 것은 세계를 있는 그대로 그린 단 하나의 진실된 그림 같은 것은 없다는 뜻이다. '세계를 있는 그대로 기록한 단 하나의 진실된 이야기' 같은 것은 없다는 뜻도 된다.

나는 절대 진리를 거부하는 퍼트남의 선의를 존중한다. 하버드대학의 철학자 퍼트남은 MIT대학의 언어학자 촘스키와 함께 진보적인 정치 성향을 가진 학자로 유명하다. 그는 1960년대 인권 운동에 앞장섰고, 베트남 전쟁에 반대하는 반전 운동에 앞장선 지식인이다. 사회적 소수와 제3세계의 입장을 존중해 왔다. 1968년에는 공산주의 계열인 '진보노동당'에 가입해 하버드대학 안에서 파장을 일으키기도 했다. 미국 진보노동당은 공산주의 계열이지만, 소련 공산당을 지지하지는 않는 미국 공산주의 정당이다. 오히려 소련 공산주의를 수정주의 또는 국가 자본주의로 규정하고, 스탈린과 레닌을 맹렬하게 비판해 왔다. 그러나 만년의 퍼트남은 한 인터뷰에서 그가 진보노동당에 가입한 것은 실수였다고 했다.

옆길로 빠진 이야기를 다시 이어 가자. 퍼트남이 거부한 '세계를 있는 그대로 그린 단 하나의 진실된 그림'이 서구 중심주의를 겨냥한 것이라면, 그의 의견에 동의한다. 그리고 세계를 바라보는 우리의 시각이 다르기 때문에 세계를 그린 우리의 그림이 다르다는 사실에 대해서도 동의한다.

그러나 퍼트남은 여기서 한 걸음 더 나아간다. 관점을 떠나서 '존재하는 그대로의 세계' 같은 것은 없다고 주장한다. '존재하는 그대로의 세계'라는 개념도 역시 성립할 수 없는 '신의 관점'이라는 것이다. 나는 여기서 고개를 젓는다. 세계는 우리가 세계를 바라보는 시각과는 관계없이 존재한다. 우리가 한반도를 중심에 놓고 세계를 바라보든, 남북을 물구나무서기시켜 바라보든 그것은 우리가 세계를 바라보는 인식의 문제지, 세계는 하나도 달라지는 것이 없다. 모든 사물이 그렇다. 우리가 그것을 어떻게 바라보든, 그것을 제대로 인식하든 또는 그릇되게 인식하든, 그것은 어디까지나 우리의 인식 문제다. 그 사물은 달라진 게 아무것도 없다.

세계를 바라보는 우리의 시각이 다 다르고, 세계를 그린 우리의 그림이 다 다르다고 해서, 우리가 살고 있는 세계가 여러 개인가? 사물을 바라보는 우리의 눈이 다르고, 그 사물에 대한 우리의 그림이 다르다고 해서 그 사물이 여러 개인가? 아니다. 우리는 두 개의 세계, 세 개의 세계, 그리고 여러 개의 세계에서 사는 것이 아니라, 하나의 세계에서 살고 있다. 진리의 절대성을 거부하고, 우리 시각의 상대성을 인정한다고 해서 우리가 여러 세계에서 살고 있다는 뜻은 아니다. 우리가 하나의 세계에서 살고 있다는 사실에는 변함이 없다.

나는 여러분이 '이 뻔한 이야기를 왜 이렇게 지루하게 하는 거지', 하고 생각하기를 바란다. 그렇다. 너무 상식적인 이야기다. 우리가 세계를 뭐라고 부르든, 어떻게 바라보든, 세계는 달라지는 게 하나도 없다는 말 아닌가? 이처럼 뻔한 이야기에 이름을 하나 붙여 주자. 우리는 이것을 '실재reality'라고 부르자.

여기서 실재는 사물이 가진 어떤 변하지 않는 본질, 또는 더 이상 쪼개지지 않는 어떤 알맹이를 뜻하지 않는다. 실재는 본질과는 전혀 상관이 없다. 다시 반복하지만 어떤 것이 존재할 때, 그 존재하는 것은 우리 인식이나 언어와는 아무 관계가 없다는 뜻이다.

실재라는 개념과 짝을 이루는 말을 하나 더 불러 오자. '표상_{representation}' 이라는 말이다. '실재'와 '표상', 용어는 딱딱하지만 그 뜻은 간단하다. 표상이라는 용어는 그림이나 언어 등을 통해서 사물을 표현한다는 뜻이다. 'represent'는 대리한다 또는 대표한다는 뜻을 가지고 있다. 실재는 사물이 있는 그대로의 상태를 말한다. 우리가 세계를 볼 때 밖에 있는 세계는 실재하는 것이고, 우리 눈을 통해 본 세계는 표상이다. 우리가 나무를 그릴 때 밖에 있는 나무는 실재하는 것이고, 우리가 그린 나무는 표상이다. 우리가 강아지를 부를 때 밖에 있는 강아지는 실재하는 것이고, 우리가 부른 강아지 이름은 표상이다. 우리가 경주 첨성대의 사진을 찍을 때 밖에 있는 첨성대는 실재하는 것이고, 우리가 찍은 첨성대 사진은 표상이다.

이 모든 경우에서 실재는 표상과 아무 관계가 없다. 첨성대는 우리가 사진을 찍든 말든, 우리가 그 사진을 컬러로 찍든 흑백으로 찍든, 우리가 그것을 별을 보는 첨성대가 아니라 종교의식을 치르는 제단이라고 생각하든 말든, 또 우리가 그것을 아침에 보든 밤에 보든, 첨성대의 실재는 첨성대의 표상들과는 아무 관계가 없다. 그것은 강아지의 실재와 표상 관계에서도 마찬가지고, 나무의 실재와 표상 사이의 관계에서도 마찬가지다. 일반적으로 말해서 세계의 실재는 그것에 관한 우리의 표상과는 아무런 관계가 없다.

자, 이제 실재와 표상이라는 두 용어를 사용해서 퍼트남이 주장한 신의 관점에 대해 살펴보자. 그러면 다음과 같은 진술이 될 것이다.

(1) 실재를 그대로 복사한 표상은 있을 수 없다.
(2) 표상은 항상 표상하는 자의 관점이 드러난다.

(3) 그러므로, 실재는 불가능하다.

나는 (1)번에 찬성한다. 우리가 이 장을 시작하면서 세계와 똑같이 생긴 세계 지도는 이미 없다는 결론을 내렸다. 아마도 (1)번 주장을 인상 깊게 펼친 현대 철학자로는 퍼트남과 함께 리처드 로티를 들 수 있다. 퍼트남이 '신의 관점'이 라는 비유를 들어 표상이 세계를 그대로 모사할 수 없다고 웅변한 것처럼, 로티 는 표상이 세계를 거울처럼 비출 수 없다고 말했다. 그러나 수천 년 역사를 통 해 서양 철학은 마치 세계를 거울과 같이 비출 수 있는 표상이 있는 것처럼 맹 목적으로 믿었다고 로티는 이야기했다. 로티는 이와 같이 세계를 있는 그대로 표상할 수 있다는 철학적 입장을 '표상주의representationalism'라고 비판했다.

문학과 미술 등에서도 언어와 그림은 세계를 그대로 모사할 수 있거나 또는 모사하는 것을 목표로 삼던 때가 있었다. 미술사나 문학사에서 사실주의라고 부르는 유파가 그런 생각을 가지고 있었다. "하나의 사물을 나타나는 데는 단 하나의 단어밖에 없다"고 말한 프랑스의 사실주의 소설가 구스타프 플로베르 의 일물일어 주장이 그 단적인 예다. 여기서 사실주의는 리얼리즘을 번역한 말 이다.

철학에도 리얼리즘이 있다. 리얼리티, 곧 실재를 믿는 존재에 관한 이론이 다. 세계의 존재는 관찰자의 인식과는 관계가 없다는 주장이다. 우리가 방금 전에 규정한 실재와 표상이라는 말을 사용하면, 실재는 표상과 아무 관계가 없 다는 존재에 관한 이론이라고 정의해도 좋다.

그런데 묘하게도 문학과 미술에서는 리얼리즘을 사실주의로 번역하지만, 철 학에서는 똑같은 리얼리즘을 보통 실재론이라고 번역한다. 실재, 표상, 그리고 실재론. 너무 딱딱하다. 이 책에서 우리는 실재론을 그냥 리얼리즘이라고 부르기로 하자. 물론 리얼리티실재가 그것에 관한 우리의 표현표상과 관계없다는 뜻을 가진 철학적 리얼리즘을 말한다.

로티는 표상주의를 대표하는 철학적인 입장으로 실증주의와 리얼리즘을 꼽았다. 실증주의에서는 실재와 표상의 차이가 구분되지 않는다. 실증주의는 실재 개념을 형이상학이라고 규정하고, 그것을 제거했기 때문이다. 실증주의에서는 '사실'이 실재를 대치한다. 사실은 관찰자에게 매개되지 않고 즉각적으로 주어지는 것으로 규정되었다. 따라서 실증주의에서 말하는 사실은 표상이 실재를 그대로 모사한다고 전제하는 셈이 된다. 표상이 거울처럼 실재를 그대로 비추고 있다고 전제하는 셈이다.

그러나 리얼리즘은 표상이 실재를 그대로 모사한다고 주장하는 이론이 아니다. 표상은 그것이 실재를 그대로 모사하든 또는 왜곡하든, 그와는 관계가 없다는 이론이다. 더 정확하게 말하면, 리얼리즘은 존재의 문제를 다루는 이론이기 때문에 인식의 문제에 대해서는 아무 관심이 없다.

(2)번 역시 원칙적으로 옳다고 생각한다. 세계에 대한 표상은 항상 그 세계를 바라보는 자의 특정 시각을 벗어날 수 없다. 우리는 시간과 공간의 제약 속에서 자유롭지 못하며, 개인적인 가치와 선입견, 계층 의식과 문화 정체성이 우리의 시각에 그대로 반영된다.

그러나 여기에는 단서가 있다. 표상은 우리 시각이 제멋대로 만들어 내는 시각의 산물이 아니라는 점이다. 표상은 항상 그 세계를 바라보는 특정 관점을 반영한다는 주장과 모든 표상은 결국 특정 시각의 산물이라는 주장은 차이가 있다. 전자에서는 인간 인식/행위가 '보편타당성'을 얻기는 힘들다는 점을 말하고 있을 뿐이지만, 후자에서는 모든 인간 인식/행위는 '시각제약적' 성격을 가지고 있다고 본다. 후자의 주장은 보통 시각주의라고 불린다.

(3)은 동의하기 어렵다. 퍼트남은 실재를 인식과 무관한 개념으로 보지 않았다. 실재를 인간 인식에서 독립한 개념으로 보지 않고, 인간 인식에 내재한 것으로 보았다. 그러한 자신의 철학적 입장을 퍼트남은 '내재적 리얼리즘'이라고 불렀다. 실재를 인간 인식에 내재한 것으로 보았기 때문에, 그는 실재를 인간의 '개념 틀'에 적합하게 '질서가 미리 잡힌 것'으로 여겼다. 단적으로 말해 그것은 인간화된 실재다. 퍼트남 자신도 실재의 인간화를 감추지 않았다. 그래서 자신과 같이 실재를 해석하는 입장을 '인간의 얼굴을 한 리얼리즘'이라고도 불렀다.

퍼트남은 (1)번과 (2)번이 옳다면, 실재는 성립할 수 없는 '신의 관점'이라고 보았던 것임에 틀림없다. 그는 (1)번을 통해서 표상과 실재가 일치할 때 성립하는 절대 진리는 있을 수 없다는 결론에 이르렀다. 그리고 (2)번을 통해서 인간 인식의 상대성을 피할 수 없다는 결론에 도달했다. 그래서 그는 절대주의와 상대주의의 진리 사이에서 제3의 길을 모색한 것인지도 모른다. 그것이 바로 실재를 인식 안으로 끌어당긴 인간의 얼굴을 한 리얼리즘이다.

나는 퍼트남이 주장하는 인간의 얼굴을 한 리얼리즘에 동의하지 않는다. 그러나 그의 선의만큼은 인정한다. 그는 절대주의의 오만한 독선을 무너뜨리려고 하는 한편, 상대주의에 빠지지 않으려고 안간힘을 썼다. 역사와 사회의 맥락에서 벗어난 이성의 절대화를 경계하면서도, 파편화된 이성을 위험하다고 보았다. 이 점에서 퍼트남은 로티와 지향점을 달리한다. 로티는 망설이지 않고 진리를 버렸다. 철학의 사명을 진리 추구로 삼지 않고, 그 대신 '문제 해결 능력'이라고 보았다. 그는 참과 거짓을 따지는 철학은 이미 죽었다고 생각했다. 참과 거짓을 따지는 대신, 그것이 문제를 해결하는 데 얼마나 쓸모가 있는가를 실용적으로 따지는 것이 생산적이라고 판단했다. 따라서 그는 자신을 철학자로 부르는 것도 탐탁하게 여기지 않았다.

퍼트남과 로티는 차이점보다 공통점이 더 많다. 두 사람도 자신의 철학이 다른 사람의 철학과 어떻게 다르냐는 질문을 가끔 받는다고 말했다. 로티는 퍼트남에게 묻는다. 내 입장과 크게 다를 바 없는 당신은 왜 나를 상대주의자라고 부르는가? 퍼트남은 로티에게 답한다. 나는 진리를 추구하겠다는 희망을 끝까지 늦추지 않기 때문에 상대주의자가 아니라고. 퍼트남은 로티에게 묻는다. 당신은 왜 그렇게 냉소적인 철학 태도를 가지고 있는가? 로티는 퍼트남에게 답한다. 나는 다른 곳에서 희망을 노래하고 있다고.

퍼트남과 로티의 논쟁은 하버마스와 리오타르의 논쟁을 연상하게 한다. 나는 하버마스와 리오타르의 철학적 입장 차이가 크다고 보지 않는다. 두 사람의 차이는 철학적 입장의 차이라기보다는 태도의 차이로 보인다. 그것은 보편적 타당성을 끝까지 찾아 나설 것인가, 아니면 국지적 타당성에 만족할 것인가의 차이다. 그것은 퍼트남과 로티의 논쟁에서 그대로 되풀이되고 있다.

6 ·····

리오타르는 보편성을 추구하는 하버마스에게 의도는 좋으나 논증은 그렇지 못하다고 일갈했다. 나는 퍼트남에게 그 말을 그대로 옮겨서 말하고 싶다. 실재는 인간화될 수 없는 개념이다. 실재는 바로 인간 인식과 독립되어 있다는 것을 가리키는 개념이기 때문이다. 영국 리얼리즘 계열의 철학자 로이 바스카는 존재의 문제와 인식의 문제를 서로 혼동하지 말아야 한다고 주장한다. 바스카는 존재의 문제를 인식의 문제로 접근해서 존재에 관한 주장을 인식에 관한 주장으로 환원할 때, '인식의 오류epistemic fallacy'가 생긴다고 경고했다. 퍼트남의 내재적 리얼리즘은 바스카의 용어로 말하면 인식의 오류에 정확하게 해당한다.

아마 퍼트남은 시각의 상대성이 입증되면 실재 개념은 스스로 무너진다고 여겼을 것이다. 그런가? 시각의 다양성이 인정된다고 하더라도 실재 개념은 무너지지 않는다. 역으로 실재 개념을 받아들인다고 하더라도 시각의 다양성은 여전히 존중된다. 둘 사이는 서로가 서로를 부정해야 성립하는 배타적 모순 관계가 아니다.

미국 리얼리즘 계열의 철학자 존 설은 이런 예를 자주 든다. 에베레스트 산이 있다고 하자. 그리고 에베레스트 산 정상에 눈이 덮여 있다고 하자. 에베레스트 산은 우리가 그 산을 어떻게 인식하든, 어떻게 표현하든, 우리가 그 산을 에베레스트 산이 아닌 다른 이름으로 부르든 아무런 상관이 없다. 우리가 앞서 살펴본 '실재'와 '표상'이라는 용어를 사용해서 말하면, 에베레스트의 실재는 에베레스트 산의 표상과 관계없다.

우리가 이 장을 시작하면서 예를 든 세계 지도에 실재와 표상의 관계를 적용해 보자. 세계는 우리가 '유럽 중심의 세계 지도'라는 표상을 통해 바라보든, 또는 '아시아 중심의 세계 지도'라는 표상을 통해 살펴보든, 아무런 관계가 없다. 곧 세계의 실재는 세계에 대한 우리의 표상과는 무관하다. 그것이 실재의 본래 개념이다.

실재는 세계가 '어떻게' 이루어져 있는가 하는 내용과도 관련이 없다. 따라서 세계를 '단 하나뿐인 그림'으로 설명하든, '여러 장의 그림'으로 설명하든, 서로 모순 관계에 놓여 있지 않다. 물론 세계에 대한 그림이 오직 하나뿐이라는 절대주의 인식론과 세계를 그린 그림들이 모두 유효하다는 상대주의 인식론은 배타적 모순 관계에 놓여 있다. 그러나 실재와 절대적 인식, 그리고 실재와 상대적 인식은 서로 충돌하지 않는다. 실재는 인식의 문제와 관계없는 개념이기 때문이다.

7 ·····

이쯤에서 질문을 좀 바꾸어 보자. 시각의 상대성을 인정한다면, 우리는 어떻게 진리에 다가갈 수 있는가? 이것은 퍼트남을 고민에 빠뜨렸던 질문이다. 또 하버마스를 괴롭힌 질문이기도 하다. 그들은 모두 실재의 개념을 형이상학적 표현이라고 해서, 형이상학의 도움 없이 보편타당성을 추구했던 철학자들이다. 하버마스는 그것을 '탈 형이상학적 사고'라고 부른다. 퍼트남은 그것을 형이상학의 얼굴이 아닌 '인간의 얼굴을 한 리얼리즘'이라고 불렀다.

나는 여기서 진리에 다가서기 위해 서양 철학이 지금까지 기울인 노력을 세 가지 그림으로 나누어 보고 싶다. 그 첫 번째 부류는 진실을 찾기 위해 가장 기초적인 것, 다시 말해 다른 것으로 환원할 수 없는 가장 튼튼한 '토대'를 놓는 것이다. 그 토대가 누구도 의심할 수 없을 만큼 튼튼하고 완전무결하다는 것이 확인되면, 그 토대 위에서 벽돌을 하나 둘 쌓아 가듯이 지식의 건축물을 쌓아 올리는 것이다. 우리는 이것을 '토대주의'라고 부르자.

이 토대는 철학의 '아르키메데스의 점'과 같은 역할을 한다. 아르키메데스는 지렛대의 점을 찾을 수만 있다면 지구도 번쩍 들어올릴 수 있다고 뽐낸 기원전 그리스의 현인이다. 철학의 역사를 통해서 알려진, 또는 알려지지 않은 수많은 철학자들이 철학의 아르키메데스 점을 찾아 나섰다. 아마 가장 유명한 예는 그 누구도 의심할 수 없는 바를 찾기 위해 회의했던 근대 프랑스의 철학자 데카르트일 것이다. 가장 최근의 철학으로는 비엔나 서클의 논리실증주의를 들 수 있다.

비엔나 서클이 찾은 아르키메데스의 점은 바로 '센스 데이터'였다. 그들은 센스 데이터를 더 이상 고칠 수 없는 토대로 보았다. 그리고 그 토대 위에서 논리 분석을 통해 객관적인 지식을 얻을 수 있다고 생각했다. 논리실증주의는 센스 데이터를 더는 고칠 수 없는 '순수 사실' 또는 줄여서 '사실'이라고 했다. 사실은 논리실증주의 철학의 기초다. 그들은 사실이 가치에 독립적이고, 시각에 독립적이라고 생각했다. 따라서 사실들에서 가치와 시각을 배제하고 과학적으로 쌓아 간다면 진리의 세계를 구축할 수 있다고 주장했다.

논리실증주의에서는 주체의 개념이 없다. 따라서 '센스 데이터'는 인식 주체가 세계를 표상한 것이 아니라, 그냥 '즉각적으로 주어진' 것이다. 거기에는 데이터를 받아들인 주체도 없고, 데이터를 준 세계도 없다. 그냥 즉각적으로 주어진 센스 데이터가 있을 뿐이다.

실증주의는 지각을 통해 받아들인 사실을 기반으로 해서 가치중립적이고 시각 중립적인 이론을 구축할 수 있다고 굳게 믿었다. 그것을 극명하게 표현한 것이 비엔나 학파가 그린 '과학적 세계관'의 선언이다.

사실을 차곡차곡 쌓아 가는 지식이 실증주의가 꿈꾼 이상이라면, 두툼한 분량의 전화번호부나 각종 진기록을 적은 기네스북이 진리의 세계에서 가장 높은 자리를 차지해야 하는가? 그것은 아닐 것이다.

과학 연구도 그렇다. 모든 사실을 하나도 빠뜨림 없이 쌓아 가는 것이 좋은 연구는 아닐 것이다. 과학은 모든 사실을 빠짐없이 기록하는 행위가 아니라 어떤 가설을 세우고, 그 가설에 적합한 사실을 취사선택하는 행위다. 따라서 사실은 이론과 상관없는 것이 아니라, 이론과 연관되어 있다. 사실은 자동적으로 모든 이론의 토대가 되는 것이 아니다. 사실은 처음부터 '이론 관련적'이다.

아르키메데스가 지레를 이용해 지구를 들고 있다. 르네상스 시대 화가 쥴리오 파리치가 그린 작품으로, 이탈리아 피렌체에 있는 우피치 미술관 '수학의 방'에 그려진 벽화다.

나는 비엔나 서클의 토대주의는 실패했다고 본다. 더 나아가 모든 인식론적 토대주의는 실패했고, 앞으로 그런 시도가 있다면 또 실패할 것이라고 생각한다. 철학적 아르키메데스의 점은 지구 안에서도 지구 밖에서도 찾을 수 없기 때문이다. 그것은 완벽한 세계 지도를 그리기 위해 세계를 객관적으로 바라볼 수 있는 관점을 확보하는 점 찾기와 비슷하다. 그것은 퍼트남이 말한 '신의 관점'이고, '그 어디에서도 있을 수 없는 곳에서의 관점'이다.

자, 그러면 우리는 진리를 찾아 나서기를 포기할 것인가? 진리 같은 건 애당초 없었던 것이라고 결론을 내리고, 진리 추구라는 덧없는 일을 포기해야 할까?

여기 두 번째 그림이 있다. 이 접근법은 토대주의가 더 이상 성공할 수 없다는 점을 인정한다. 절대적인 진리 또는 궁극적인 진리의 토대가 되는 철학적 아르키메데스 점이 없다고 인정한다. 또한 우리 시각이 가지고 있는 상대성을 인정한다. 모든 지식이 가치 지향적이고, 시각 관련적이라는 점을 인정한다. 그러나 다른 한편 너와 내가 각자의 시각에 묶여 있기 때문에 지식은 파편적이고 상대적이며, 심지어는 의사소통이 이루어지기 힘들다는 시각주의를 경계한다. 너와 나의 시각은 서로 소통할 수 있고, 너와 내가 인정하는 보편적인 잣대를 세울 수 있다고 희망한다. 시각을 뛰어넘는 객관성은 없다고 보지만, 너와 나의 시각을 가로지르는 그 무엇은 있을 수 있다고 희망한다. 퍼트남과 하버마스의 접근 방식이다. 그들은 너와 나, 그리고 모든 주체를 가로지르는, 주체의 상호 교류를 '상호주관성'이라고 불렀다. '간주체성'이라는 말로 번역되기도 한다.

우리는 이 두 번째 접근 방식을 지지하는 입장을 '보편주의'라고 부르자. 너와 나의 시각은 국지적 성격을 벗어날 수 없지만, 너와 내가 소통하기 위해서는 보편적인 성격을 또한 띠고 있다고 보기 때문이다.

이 두 번째 그림의 성공 여부를 가늠하는 관건은 너의 시각과 나의 시각에서 공통점을 찾을 수 있는가 하는 점이다. 너의 언어로 표현된 세계를 나의 언어로 제대로 번역할 수 있는가 하는 점이다. 우리와 다른 사회에서 살고 있는, 다른 사람들이 살아가는 생활 양식을 우리가 제대로 이해할 수 있는가 하는 점이다. 우리가 살고 있는 곳에서 우리가 살아가는 이야기가 다른 곳에서 살아가는 다른 사람들에게도 제대로 이해될 수 있는가 하는 점이다.

8 ·····

　우리가 살고 있는 세계에서 우리가 살아가는 이야기를 리오타르는 '설화' 라고 불렀다. 그것을 미국의 문화인류학자 클리포드 기어츠는 '문화' 라고 부른다. 기어츠가 여기에서 말하는 문화는 미개한 수준을 벗어난 상태를 뜻하는 '문명'과 동의어가 아니다.

　한때 서구에서는 서구 문화를 문명화된 것으로, 비서구 문화를 문명화되지 못한 미개하고 야만적인 것으로 바라보았다. 문명화된 정도를 나타내는 기준점은 당연하게도 서구 문화였고, 서구 문화의 잣대로 다른 문화를 재단했다. 유럽 제국주의 시대에 식민지 문화를 바라보는 유럽의 시각이 대체로 그랬다.

　그러나 비과학적이고 비합리적이라고 여긴 미개 사회의 문화가 그 구조에서 과학적이고 합리적이라고 생각한 서구 문명 사회의 문화와 전혀 다르지 않다는 각성이 점차 고개를 들기 시작했다. 미개 사회에서 믿는 주술이 서구에서 신뢰하는 과학과 사실상 같은 구조를 가지고 있고, 과학과 유사한 기능을 하고 있다는 문화인류학의 연구 결과가 속속 발표되면서, 문화는 미개 또는 야만이 아닌 상태를 뜻하는 문명과 동의어가 아니라, 한 사회가 다른 사회와 구별되는 '삶의 양식'을 뜻하는 말이 되었다. 문화의 정의가 이렇게 규정되면, 미개 사회에 문화가 없는 것이 아니라 서구 문화와는 다른 문화를 가지고 있을 뿐이다.

　문화라는 같은 말에 담긴 다른 의미를 분명하게 하기 위해, 우리는 문화를 '문명으로서의 문화'와 '세계관으로서의 문화'로 잠시 구분해 보도록 하자. '문명으로서의 문화 개념'에서는 문화에도 등급이 있다. 교양 있는 고급문화가 있고, 대중의 입맛에 맞춘 대중문화가 있다. 삶의 질을 윤택하게 하는 문화가 있고, 삶의 질을 오히려 떨어뜨리는 반문화가 있다. 그러나 '세계관으로서의 문화 개념'에서는 문화에 등급이 없다. 계층과 성별, 그리고 나이에 따라 양식이 달라질 뿐이다. 그것은 높고 낮고, 우월하고 열등하고, 삶의 질을 높이고 떨어뜨리는 것과는 전혀 상관이 없다. 그것은 한 사회에서 우리가 살아가는 삶의 양식이기 때문이다. '세계관으로서의 문화'는 내가 이 사회를 살아가는 방식이요, 내가 이 사회를 바라보는 방식이다. 그것은 나의 '정체성'과 연관을 맺고 있으며, 내가 소속된 집단의 '집단 정체성'을 표현하는 것이기도 하다.

하나의 문화는 다른 문화로 온전하게 번역하게 할 수 없다. 그것은 문화의 정체성이 다르기 때문이다. 기어츠는 1956년 인도네시아 발리에서 닭싸움 현장을 관찰했다. 그리고 그것을 도박 게임, 또는 스포츠 관전, 또는 종교의식의 어느 한 가지로 번역하기는 어렵다는 것을 느꼈다. 한 사회의 문화를 다른 문화의 눈으로 제대로 이해하기 힘든 것은 문화는 한 사회에서 살고 있는 사람들이 자신들에 대해 스스로 말하는 하나의 이야기이기 때문이다. 여기서 기어츠는 문화는 '심층 서술'이라는 명제를 이끌어 냈다.

다시 두 번째 보편주의 그림에 관한 논의로 되돌아가자. 두 번째 그림은 우리 시각의 상대성을 인정한다는 전제에서 시작했다. 그리고 우리 시각을 가로지르는 상호 주관성이 기능할 수 있다는 전제에서 시작했다. 그러면 이 전제를 문화 정체성에 적용하면 어떻게 되는가? 각각 다른 문화의 상대성을 가로지르는 또 하나의 전망이 가능한가? 하버마스와 퍼트남은 그 가능성을 믿는다. 리오타르와 로티는 헛된 망집이라고 생각한다. 비트겐슈타인은 무수한 언어놀이가 있다고만 말한다. 여러분은 어느 편의 손을 들어 줄 것인가?

인도네시아 발리에서 자주 볼 수 있는 닭싸움. 발리 닭싸움은 돈을 건 단순한 도박이라고 규정하기도 어렵고, 권투 경기와 같은 스포츠 관전이라고 말하기도 힘들며, 종교의식으로 환원할 수도 없다.

9 ·····

세 번째 그림을 제시한다. 이 접근법은 철학적 리얼리즘에 기초를 두고 있다. 보편주의에서는 토대주의가 지지하는 절대적인 진리의 개념을 시각과 문화의 상대성을 들어 반박한다. 반면 리얼리즘에서는 절대 진리의 개념이 존재의 문제를 인식의 문제로 환원하는 오류를 범하고 있기 때문에 반대한다.

보편주의에서는 시각과 문화의 상대성이 용인된다면, 진리의 객관성이 무너지는 것이 당연하다고 전제했다. 시각과 문화에 따라 진리는 상대적인 성격을 띠기 때문에, 하나의 주장이 보편적 타당성을 얻기 위해서는 국지적 타당성을 가질 수밖에 없는 주장들이 서로 교통해야 한다는 주장이었다.

그러나 진리는 시각과 문화, 성별과 계층, 또는 시대에 따라 쪼개지고 나누어지는 것이 아니다. 설사 그 파편화된 진리 속에서 힘들게 보편성을 얻어 낸다고 하더라도, 그것은 진리의 개념을 잘못 파악한 것이다. 진리는 그 어떠한 경우에도 쪼개질 수 없다. 이러한 진리의 개념은 리얼리즘에서 주장하는 실재의 개념과 마찬가지다. 실재는 더 이상 쪼개질 수 없는 어떤 알맹이나 본질을 뜻하는 개념이 아니다. 어떤 시각에서 보더라도, 어떤 가치 체계에서 보더라도, 존재하는 것은 그 인식과는 관계없이 독립되어 있다는 개념이다. 다시 말해서 존재와 인식의 문제는 전혀 다른 성격이라는 뜻이다.

보편주의에서는 시각과 문화의 상대성은 객관적인 진리와 양립할 수 없다고 전제했다. 둘 중에서 하나가 용인되면 다른 하나는 스스로 무너져 내리는 배타적 모순 관계로 보고 있다. 과연 그런가? 시각의 상대성, 또는 문화의 상대성은 리얼리즘에서 말하는 실재의 개념을 무너뜨리지 못한다. 시각의 상대성, 또는 문화의 상대성은 리얼리즘에 기초한 진리의 개념과 배타적 관계에 있지 않다. 만일 그렇게 생각한다면, 그것은 토대주의에서 범한 인식의 오류, 곧 존재의 문제를 인식의 문제로 환원한 잘못을 똑같이 범하는 것이다. 네가 보는 지구와 내가 보는 지구가 다르다고 해서 지구가 실재한다는 사실이 붕괴되는 것은 아니지 않은가?

리얼리즘에 토대를 둔 이 세 번째 그림을 '객관주의'라고 부르자. 그리고 절대적 진리 또는 궁극적 진리가 있다고 큰소리치는 토대주의나 문화 상대성을 상호 주관적으로 극복하고 보편적 진리를 추구해야 한다는 보편주의와 구별하는 의미에서 진리 앞에 '객관적'이라는 수식어를 붙이자.

이쯤에서 내가 지지하는 철학적 입장을 분명하게 밝히도록 하자. 나는 이 세 번째 그림, 곧 객관적 진리를 옹호하는 객관주의 입장에 서 있다. 여기서 '객관적'이라는 말은 진리의 절대성을 주장하는 것이 아니다. 시각과 문화의 상대성에 대칭적인 의미로 사용하는 것도 아니다. 리얼리즘에서 지지하는 '객관적 실재'의 개념처럼 주관적 인식과는 독립적이라는 뜻이다.

나는 시각과 문화의 상대성을 지지한다. 그러나 시각과 문화의 상대성이 진리의 개념을 무너뜨린다고 생각하지는 않는다. 다시 말해, 시각과 문화의 상대성이 진리를 국지화하고 상대화한다고 믿지 않는다. 따라서 보편주의자들처럼 어렵고 힘들게 파편화된 진리의 조각을 맞추어 나가기를 원하지 않는다.

깜짝 놀랄 만한 그림이 제시될 것이라고 기대했다면 미안하다. 그러나 나는 철학은 항상 상식에서 출발하고, 언제나 상식에 따라야 한다고 생각한다. 때때로 철학은 모두가 당연하게 생각하는 것을 뒤집어서 의표를 찌르기도 한다. 그러나 그 경우에서도 상식과 이치에 맞아야 한다. 실재는 아주 단순하고 상식적인 개념이다. 그러나 어려운 문제에 부딪칠수록 이 단순한 개념이 힘을 발휘한다. 아니, 상식적이고 단순한 원칙 때문에 그 힘이 크다고 생각한다.

10 ·····

나는 '실재'의 귀환에 희망을 건다. 우리가 지난 장에서 살펴본 '과학적 세계관'과 '포스트모더니즘 세계관'은 실재를 귀양 보내고, 지식을 절대화하거나 상대화한 오류를 범했다. 존재의 문제를 인식의 문제로 환원해서 바라본 잘못을 두 세계관 모두가 범했다.

왜 실재를 귀양지에서 불러내는가? 실재가 귀환하면, 과학을 절대화하거나 상대화할 이유가 없기 때문이다. 이렇게 되면 과학은 '결과'가 아닌 '과정'에 관여한다. '이성'과 '진리' 또한 마찬가지다. 우리는 이성과 진리를 굳이 절대화하거나 상대화할 이유가 없어진다. 절대 이성과 절대 진리는 그것을 상대화한다고 해서 치유되지 않는다.

'과학적 세계관'에서 과학은 최종 판관이다. 과학의 법정에서 과학적이라고 판결되면, 그것으로 끝이다. 그것이 곧 진리다. 과학적 진리가 곧 진리고, 진리는 곧 과학적 진리를 말한다. 거기에 다른 목소리가 들어갈 틈은 원천 봉쇄되었다. '포스트모더니즘 세계관'에서는 진리를 결정하는 최종 판관인 과학의 절대 권능을 빼앗았다. 이성의 이름으로 펼쳐지는 그 법정의 독선을 경고했다. 이 점에 관한 한, 나는 포스트모더니즘 세계관의 손을 높이 들어 준다.

그러나 포스트모더니즘 세계관은 과학과 이성, 그리고 진리를 통째로 버렸다. 그것은 아기를 목욕물과 함께 버리는 어리석음을 범한 것이다. 버려야 할 것은 아기가 아니라 목욕물이다. 버려야 할 것은 과학을 절대화하고, 진리를 절대화하고, 이성을 절대화한 '절대주의'다. 과학과 진리, 그리고 이성은 버려야 할 목욕물이 아니라 소중한 아기다.

포스트모더니즘은 과학과 이성이 주재하는 진리의 최고 법정을 무너뜨리는 데는 큰 성과를 거두었다. 그러나 그 자리에 수도 없는 지방 법정을 세웠다. 그 지방 법정에서는 너와 나를 뛰어넘는 보편적 진리를 판결하는 대신, 너와 나에게 국지적으로 통하는 국지적 진리를 판결했다. '이스라엘 법정'은 이스라엘에 통하는 진리를 판결하고, '팔레스타인 법정'은 팔레스타인에 통하는 진리를 판결한다. '과학 법정'은 과학 세계에 적용되고, '주술 법정'은 주술 세계에 적용될 뿐이다.

따지고 보면 포스트모더니즘이 세운 지방 법정은 엄밀한 의미에서 지방 법정이 아니다. 각각의 지방 법정에서 결정한 판결은 더 이상 뒤집힐 수도 없다는 점에서 각각의 지방 법정은 최고 법정의 권능을 행사한다. 비유해서 말하면, 하나의 절대 진리가 사라진 곳에 끝없는 절대 진리가 등장한 것이다. 포스트모더니즘 세계관은 이 점에서 과학적 세계관보다 더 끔찍하다. 절대주의라는 괴물 하나가 쓰러졌지만, 그 자리에 그것을 닮은 무한의 괴물이 등장한 것 아닌가.

나는 절대주의와 상대주의 사이의 딜레마를 해결하기 위해 실재를 소환한다. 귀양 간 실재를 소환해서 절대주의와 상대주의의 모순을 해결하려는 제3의 세계관을 이 책에서는 '철학적 리얼리즘'이라고 불렀다. 실재가 귀양지에서 돌아오면 '과학적 세계관'에서 절대화된 이성과 진리, 그리고 과학에 대한 개념은 절대주의의 오물을 씻고 새로 나타난다. 진리의 개념처럼, 이성과 과학 또한 '닫힌' 개념이 아니다. 그것은 세계를 바라보고 탐구하는 과정에서 드러나는 '열린' 개념이다. 고정 개념이 아니기 때문에 그것은 절대화될 수도 없고, 또한 상대화될 수도 없다.

실재, 이성, 진리. 따지고 보면 이 개념들은 전혀 새로운 것이 아니다. 서양 철학의 역사를 통해 되풀이되어 나타나는 개념들이다. 단지 '오늘의 눈'에 맞추어 재해석되고 재조명될 뿐이다. 그래서 모든 철학은 항상 그 시대의 철학이 될 수밖에 없다.

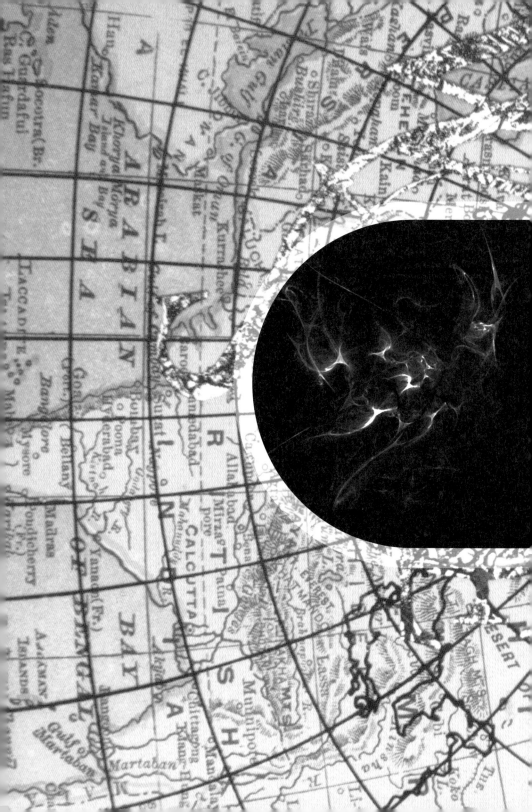

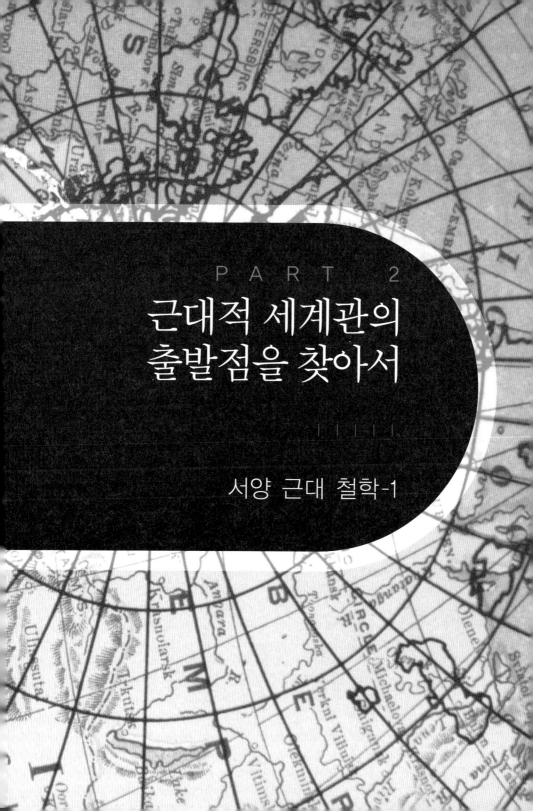

PART 2

근대적 세계관의
출발점을 찾아서

서양 근대 철학-1

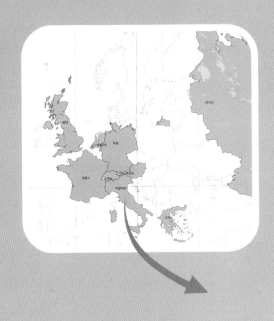

이 탈 리 아 I t a l y

4 나의 눈으로
세상을 바라본다 :: 피렌체

'내 눈으로 세계를 바라본다' 는 원근법은 르네상스가 우리에게 준 선물이다.
중세 시대에 나의 눈으로 세상을 본다는 것은 추하고 위험한 일이었다. 그것은 교회가 마땅히
해야 할 일이었다. 르네상스는 그것을 뒤집었다. 내가 서 있는 곳에서 내 눈에 보이는 대로
원근법에 기초해서 그림을 그렸더니, 추하지 않고 충분히 아름다웠다. 투시도에 기초해서 설계한
건축물은 부실하지 않고 튼튼했다. 새로운 시대, 곧 근대가 열렸다는 것은 내 눈으로 세계를
바라보기 시작한 '근대적 인간' 이 등장했다는 뜻이다.

1 •••••

 우피치 미술관에 서서 반대편을 바라본다. 기둥 하나 없는 복도의 저쪽 끝이 아스라하게 멀다. 복도 양옆으로 조각상이 놓여 있고, 천장에는 벽화가 빼곡히 그려져 있다. 복도도 하나의 전시장인 셈이다. 복도는 아르노 강을 가로지르는 베키오 다리까지 연결되어 있다. 이 복도에는 이름이 붙어 있다. '바사리 복도', 이 미술관 건물을 건축한 사람의 이름을 붙인 것이다.

 조르지오 바사리는 르네상스 시대에 피렌체에서 활동한 건축가이자 화가다. 우리는 바사리를 이번 여행의 안내자로 불러들인다. 그가 르네상스 시대에 뛰어난 작품을 남겼기 때문만이 아니다. 르네상스 시대를 대표하는 뛰어난 예술가들의 전기를 남겼기 때문이다. 그 책의 제목은 《뛰어난 건축가, 화가, 조각가들의 전기》. 예술사에서는 이 책을 간단하게 줄여서 《전기》라고 부른다. 만일 《전기》가 없었다면, 르네상스 시대의 거장들에 관한 생생한 이야기들이 많이 알려지지 않았을 것이다. 아니, 르네상스라는 말 자체가 없었을 것이라고 이야기하는 이도 있다.

 '르네상스'를 뜻하는 '재탄생'이라는 말을 처음 사용한 이가 바사리다. 토스카나 언어로는 '리나시멘토'라고 한다. 세계사에서는 르네상스를 14세기에서 16세기까지 이탈리아, 특히 피렌체를 중심으로 한 토스카나 지방에서 일어나 유럽 전체로 퍼져 나간 문예부흥 운동으로 정의한다. 이보다 조금 늦게 일어난 '종교개혁'과 함께 '암흑의 시대'라고 불리는 중세가 끝나고, 새로운 시대의 개막을 알린 역사적 전환기로 르네상스를 해석한다.

조르지오 바사리가 1550년에 쓴 《뛰어난 건축가, 화가, 조각가들의 전기》.
보통 《전기》라고 줄여서 부르는 이 책을 바사리는 메디치 가문에 헌정했다.

재탄생? 도대체 무엇이 새롭게 태어났다는 것인가? 바사리 복도에 서서 나
는 그가 《전기》에서 세밀하게 분석했던 르네상스 예술 기법에서 그 실마리를
발견한다. 바사리는 《전기》에서 르네상스 시대 예술가들의 이야기뿐만 아니
라, 르네상스 예술가들이 선보인 대표적인 예술 기법도 함께 소개했던 것이다.
그 기법이 바로 '원근법'이다. 좀 더 정확하게 말한다면, '선 원근법'이다.

2 · · · · ·

선 원근법이라는 딱딱한 용어에 지레 겁먹지 말자. 간단하다. 우피치 미술관 복도에서 찍은 〈사진 1〉을 보자. 우리와 가까운 곳에 있는 복도는 넓게 보이고, 우리가 있는 곳에서 멀어질수록 복도가 점점 좁아진다. 물론 실제는 그렇지 않다. 같은 폭을 가진 복도일 뿐이다. 바닥에서 천장까지의 높이도 마찬가지다. 가까운 곳에 보이는 천장은 높아 보이고, 먼 곳에 있는 천장 높이는 멀어질수록 점차적으로 낮아진다. 조각상과 관람객 또한 그렇다. 가까운 곳에 있는 조각상과 관람객은 크게 보이고, 멀리 떨어진 곳에 있는 조각상과 관람객은 작게 보인다. 역시 실제 모습은 그렇지 않다. 이 사진을 단순한 선으로 표현하면 〈도해 1〉과 같다.

〈도해 1〉에서 검은 선은 지평선이다. 이 지평선은 나의 눈높이와 일치한다. 이 그림에서 파란 선들은 직교선이라고 부른다. 이 직교선들은 하나의 점에서 만난다. 그 점은 지평선 한복판에 있다. 그 점을 소실점이라고 부른다. 그림에서 빨간 점으로 표시한 것이다. 이 소실점이 바로 이 사진 또는 그림의 중심이다.

간단한 아이디어도 그것을 개념화할 때는 좀 어렵게 느껴지는 법이다. 원근법에 익숙하지 않은 독자들을 위해 예를 하나 더 들어 보자. 〈사진 2〉는 우피치 미술관 밖을 찍은 것이다. 디귿자 모양으로 되어 있는 우피치 미술관의 건물 사이로 자연스럽게 좁고 긴 도로가 형성되었다. 물론 두 건물 사이의 실제 거리는 똑같다. 그러나 사진에서는 가까운 곳은 넓게, 먼 곳은 좁게 보인다. 이 사진을 다시 단순한 선으로 재구성하면 〈도해 2〉가 된다. 역시 〈도해 1〉과 같

〈사진 1〉 우피치 미술관 복도.

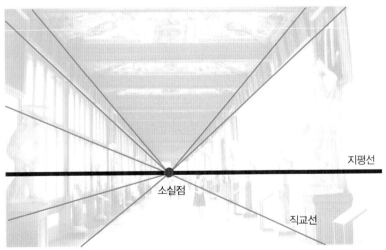

지평선

소실점

직교선

〈도해 1〉 우피치 미술관 복도를 단순한 선으로 표현한 도해.
지평선은 위 사진을 찍은 이의 눈높이와 일치한다.

〈사진 2〉 우피치 미술관 외부 풍경. 두 건물 사이로 자연스럽게 도로가 생겨났다.

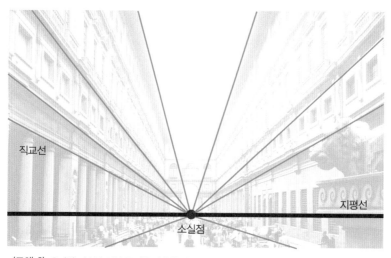

직교선

지평선

소실점

〈도해 2〉 우피치 미술관 외부 풍경을 단순한 선으로 표현한 도해.

이 지평선은 검은 선으로, 직교선은 파란 선으로 표시했다. 그리고 빨간 점은 소실점이다.

사진기에 익숙한 현대인의 눈으로 볼 때 선 원근법은 전혀 낯설지 않다. 선 원근법은 바로 사진기의 눈으로 바라본 풍경이기 때문이다. 우피치 미술관 복도와 거리를 찍은 평면 사진에서 우리가 입체감을 느끼는 것은 바로 선 원근법 때문이다. 뒤집어서 말한다면, 3차원 공간을 2차원 평면에서 표현하는 방법이 선 원근법이라는 이야기도 된다.

3 :····:

사진기가 발명되기 전에 르네상스 시대의 화가들은 마치 사진을 찍듯이 그림을 그렸다. 아니, 더 정확하게 말한다면 사진기의 원리인 선 원근법에 기초해서 그림을 그렸다. 선 원근법의 특징이 가장 뚜렷하게 드러난 르네상스 시대의 그림 가운데 하나로 꼽히는 레오나르도 다빈치의 〈최후의 만찬〉을 보자. 보관 상태가 좋지 않아 색이 많이 바랬지만, 마치 우리 눈앞에서 만찬이 펼쳐지는 듯한 입체감을 준다.

여러분은 이 그림에서 소실점을 찾을 수 있는가? 어렵지 않다. 우선 벽과 천장이 닿는 경계 면을 따라 직교선을 그린다. 그 직교선들이 하나의 점에서 만나는가? 그 점이 바로 소실점이다. 그 소실점이 있는 지평선이 바로 이 그림을 그린 화가의 눈높이가 된다. 이번에는 여러분이 직접 선을 그어서 지평선과 직교선, 그리고 소실점을 찾아보기 바란다.

지평선은 저 만찬에 참석한 이들의 눈높이와 거의 일치한다. 더 정확하게 말하면, 예수의 눈높이와 일치한다. 그리고 놀랍게도 소실점은 예수의 두 눈 사이에 놓여 있다. 우리의 시선을 그림의 한복판에 자리한 예수에게 향하도록 자연스럽게 유도한 것이다. 단순한 우연일까? 아니다. 다빈치는 그것을 정확하게 계산했을 것이다.

다빈치는 아마도 저 그림을 그릴 때 마치 사진을 찍듯이 인물을 배치했을 것이다. 다빈치가 저 최후의 만찬에 참석했을 리는 없다. 그러나 다빈치는 사진가가 만찬 풍경을 가장 잘 조망할 수 있는 지점에서 사진을 촬영하듯이, 한 지

1 레오나르도 다빈치가 그린 〈최후의 만찬〉. 1495~1498년 작. 이탈리아 밀라노의 산타마리아 델레그라치에 수도원 식당에 그려진 벽화다. 2 피에트로 로렌제티가 그린 〈최후의 만찬〉. 1320~1330년 작. 이탈리아 아시시의 성 프란체스코 아래쪽 성당에 그려진 벽화다.

점에 자신의 눈을 고정시키고 만찬 장면을 그린 것임에 틀림없다. 비록 상상을 통한 재구성이지만, 마치 우리 눈앞에서 실제로 만찬 풍경이 펼쳐지는 것처럼 보이는 것은 선 원근법, 곧 사진의 원리를 그림에 그대로 적용했기 때문이다.

〈최후의 만찬〉은 성당이나 수도원 벽화에 많이 그려져 있다. 다빈치가 그린 〈최후의 만찬〉이 가장 유명하지만, 같은 제목으로 그린 화가들의 그림도 많다. 다음 그림은 레오나르도 다빈치보다 150년 전쯤에 활동한 이탈리아의 화가 피에트로 로렌제티가 성 프란체스코 성당에 그린 같은 이름의 벽화다. 로렌제티 또한 비사리가 쓴 《전기》에 소개되어 있는 초기 르네상스 인물이다.

어떤 느낌이 드는가? 다빈치가 그린 최후의 만찬에서 느껴지는 입체감, 곧 인물과 배경, 그리고 인물과 인물 사이에 놓여 있는 공간의 깊이가 제대로 살아나지 않는다. 왜 그럴까? 간단하다. 로렌제티는 다빈치처럼 사진을 찍듯이 치밀하게 원근법을 적용해서 그림을 그리지 않았기 때문이다. 다빈치와는 달리 로렌제티는 화가의 시선을 한군데에 고정시키지 않았던 것이다.

4 ·····

르네상스 시대 예술의 보고라고 평가되는 우피치 미술관에 전시된 작품들을 보면서 나는 전시된 작품 대부분이 성경에 등장하는 이야기를 소재로 한 종교화라는 점에 적잖이 놀란다. 작품의 주제와 소재 면에서 본다면 근세를 열어젖혔다는 르네상스 시대의 예술과 중세 시대의 예술 사이에 별다른 차이가 나지 않는다.

그렇다면 신이 중심이 아니라 인간이 중심이라는 인본주의 또는 인문주의를 특징으로 하는 르네상스에서 인간 중심이란 도대체 무엇을 뜻하는가? 르네상스 시대의 예술가들은 신을 인간이 사는 이 땅에서 쫓아내려는 의도를 가지고 있었다는 말인가? 그렇지는 않다. 그렇다면 르네상스 시대의 예술가들은 신을 세계의 중심에서 몰아내고 그 자리에 인간을 앉히기를 원했다는 말인가? 그렇지도 않을 것이다. 로마 교회와 갈등을 빚었던 이도 있었지만, 르네상스 시대의 예술가들은 대부분 독실한 기독교도들이다.

그러면 다시 물어보자. 왜 르네상스의 특징을 인본주의라고 말하는가? 나는 그 실마리를 선 원근법에서 찾는다. 선 원근법은 신의 눈이 아니라 '인간의 눈'에 기초하고 있다. 만일 우리가 신의 눈으로 사물을 볼 수 있다면, 먼 곳은 적게 보이고 가까운 곳은 크게 보이는 착시 현상이 일어나지 않을 수도 있을 것이다. 〈사진 1〉에서 보는 것과 같이 우피치 미술관 복도의 폭이 우리 눈에서 멀어질수록 점점 좁아지지 않을지도 모른다. 우리 눈에서 가까운 곳이나 먼 곳이나 복도의 실제 폭은 일정하기 때문이다. 또 만일 우리가 신의 눈으로 우피치 미술관 도로를 본다면, 〈사진 2〉에서처럼 도로의 폭도 점점 줄어드는 것이 아니라 일정하게 보일지도 모른다.

중세에 그려진 그림에서는 먼 곳에 있는 사람과 가까운 곳에 있는 사람의 크기가 거의 비슷하다. 그림 속에 그려진 사물 또한 마찬가지다. 그러나 선 원근법이 나타나면서 사물을 실제 크기와 똑같이 그릴 필요가 없어졌다. 말하자면 선 원근법에서는 신의 눈이 필요하지 않다. 선 원근법에서는 오로지 나의 눈이 필요할 뿐이다. 공간의 제약을 뛰어넘는 신의 눈으로 세계를 그리기 위해 고민할 필요도 없어졌다. 선 원근법을 적용한다면 내가 세계를 바라보는 눈의 위치를 한 곳에 고정하고, 내 눈에 보이는 대로만 그리면 된다.

신의 눈으로 세계를 바라보지 않고 인간의 눈으로 세계를 바라보는 것으로 인본주의를 풀어 보면 의문이 술술 풀린다. '신의 눈'이 아닌 '인간의 눈', 더 정확하게 이야기하면 내가 지금 서 있는 곳에서의 '나의 눈'이 중심이 되고, 또 그 원리를 따를 때 우리는 세계를 가장 잘 볼 수 있다는 새로운 시각을 말한다.

우피치 미술관의 15번 '레오나르도 다빈치' 방에서 나는 그 점을 다시 확인한다. 15번 방에는 다빈치의 초기 작품 두 편이 전시되어 있다. 〈동방박사의 경배〉와 〈수태고지〉다. 두 작품 모두 〈최후의 만찬〉과 같이 성경 속에 나오는 이야기로 선 원근법에 충실한 작품이다.

다빈치가 그린 최초의 걸작으로 평가되는 〈동방박사의 경배〉는 엄밀한 의미에서 미완성품이다. 다빈치는 밑그림을 그렸을 뿐이고, 색은 그 뒤에 누군가에 의해 칠해졌다는 것이 정설이다. 그래서 나는 전시된 〈동방박사의 경배〉 그림보다 다빈치가 연필과 실로 그렸다는 밑그림 스케치가 더 흥미롭다. 다빈치는 마치 건축 설계도를 그리듯이 그림의 배경이 되는 장면을 선 원근법의 원리

1 레오나르도 다빈치가 그린 〈동방박사의 경배〉. 다빈치가 그린 밑그림을 누군가가 채색해서 완성한 그림이다.　2 다빈치가 직접 그린 〈동방박사의 경배〉 밑그림 스케치.

에 따라 스케치하고, 아기 예수를 안고 있는 마리아와 경배를 드리는 동방박사들을 마치 연극 무대에 등장하는 인물처럼 중앙에 위치시켰다. 그것은 마치 〈최후의 만찬〉에서 그 배경을 선 원근법의 원리에 따라 스케치하고, 예수를 그 중앙에 위치시킨 것과 빼닮았다.

5 ·····

여러분 가운데는 근세 철학 여행을 시작하는 첫 대목부터 필자가 왜 장황하게 원근법 이야기를 하는지 의아하게 생각하는 이도 있을지 모르겠다. 이 책은 물론 미술사를 다루는 책이 아니다. 그러나 원근법은 회화의 기법만을 가리키지 않는다. 원근법은 사진기의 원리이기도 하며, 그와 동시에 과학이다. 더 넓혀서 해석한다면, 원근법은 세상을 바라보는 우리의 '시각'이다.

원근법이라는 어원 자체가 '시각' 또는 '전망'을 뜻하는 '퍼스펙티브 perspective'를 번역한 용어라는 점을 이쯤에서 떠올리고 싶다. 개인적으로 나는 원근법이라는 번역에 좀 불만이다. 르네상스 시대의 위대한 발견을 근대 회화의 한 기법으로 좁혀서 해석하는 빌미를 줄 수도 있기 때문이다.

건축 분야에서는 원근법을 흔히 '투시도'라고 부른다. 선 원근법은 건축에서는 일반적으로 '1소점 투시도'라고 한다. 소실점이 하나라는 뜻이다. 짐작하겠지만 선 원근법이나 1소점 투시도나 그 원리는 마찬가지다. 또 당연하게도 투시도라는 어원 역시 시각 또는 전망을 뜻하는 '퍼스펙티브'에서 온 것이다.

그렇다. 지금은 분야에 따라 그것을 원근법이라고 부르기도 하고, 때로는 투시도라고 부르기도 하지만, 원래 그것은 같은 뿌리를 가지고 있다. 정확하게 같은 원리에서 출발하기 때문이다.

르네상스 시대의 인물은 대부분이 화가이자 건축가다. 그리고 또 근대 과학의 선구자로 대접받기도 한다. 그래서 르네상스적 인간이라는 말은 오늘날에는 모든 분야에서 뛰어난 재능을 발휘하는 '만능인'이라는 뜻으로 두루 쓰인다.

르네상스 시대의 가장 뛰어난 예술가 가운데 한 명으로 인정되는 레오나르도 다빈치가 대표적이다. 브리태니커 백과사전에서 레오나르도 다빈치를 찾아보면, 그는 이탈리아 르네상스 시대의 화가, 조각가, 도안가, 건축가, 엔지니어, 그리고 과학자로 소개된다. 위키피디아 온라인 백과사전에서는 거기에 발명가, 해부학자, 음악가, 그리고 작가라는 이름도 덧붙여 준다. 그 많은 이름을 달기가 번거로울 때는 '여러 분야에 박식한 천재'라고 부르기도 한다.

한 사람이 어떻게 그 많은 분야를 섭렵할 수 있을까? 그것도 지식과 정보의 소통이 원활하지 않았던 500년 전에. 그 수수께끼에 답할 능력이 유감스럽게도 필자에게는 없다. 그러나 한 가지 실마리를 제공할 수는 있다. 다빈치는, 그리고 그 밖의 다른 르네상스 시대의 인물들은 그들이 섭렵한 각각의 분야를 별개의 원리에 따라 움직이는 단절된 것으로 보지 않았다. 그 단적인 예가 선 원근법이다. 1소점 투시도다. 아니, 내가 서 있는 지점에서 내 눈으로 세계를 바라본다는 새로운 조망이다. 그것은 서로 관계가 없는 것처럼 보이지만, 사실은 같은 원리에서 출발했기 때문이다.

필자는 내가 서 있는 곳에서 '내 눈으로 세계를 바라본다'는 선 원근법, 또는 1소점 투시도의 철학적 측면에 주로 관심을 갖는다. 그리고 바로 이 점이 르네상스 시대가 우리 시대에게 준 선물이라고 생각한다. 그 전의 중세 시대에는 나의 눈으로 세상을 해석할 필요가 없었다. 그런 일은 교회가 알아서 다 해주었다. 더 정확하게 말하면, 나의 눈으로 세상을 해석할 수도 없었다. 그것은 교회만이 할 수 있는 고유 권한이었다. 원죄를 안고 태어난 어리석은 죄인들이 각각의 눈을 통해 세상을 바라본다는 것은 불완전하고 추악한 일이었다. 의혹과 혼돈을 불러일으키는 위험한 일이었다.

그러나 르네상스의 예술가들은 그것을 뒤집었다. 내가 서 있는 곳에서 내 눈에 보이는 대로 원근법에 기초해서 그림을 그렸더니 추하지 않고 충분히 아름다웠다. 투시도에 기초해서 설계한 건축물은 부실하지 않고 튼튼했다. 신의 눈으로 보지 않고 내 눈에 보이는 대로 기록한 세상도 질서가 있었다. 세상이 새로워졌다. 물론 세상이 새롭게 만들어졌다는 뜻이 아니다. 엄밀하게 말하면, 세상을 보는 내가 새로워졌을 뿐이다. 그렇다. 르네상스에서 말하는 재탄생이란 다름 아닌 내가 새롭게 태어나는 것을 의미한다. 새로운 시대, 곧 근대가 열렸다는 것은 곧 내 눈으로 세계를 바라보기 시작한 '근대적 인간'이 등장했다는 뜻이다.

6 ·····

　르네상스 예술가들은 자신의 눈에 보이는 대로 사물을 담았다. 특히 레오나르도 다빈치의 스케치는 유명하다. 지금까지 전해지는 다빈치가 남긴 스케치는 약 7000컷. 페이지 수로 치면, 메모와 스케치를 합해서 약 1만 3000페이지에 달한다고 한다. 그가 남긴 스케치는 세계 곳곳에 자리한 미술관에 보관되어 있다. 세계에서 제일 부자라는 마이크로소프트사의 사장 빌 게이츠처럼 개인이 소장하고 있는 경우도 있다. 다빈치의 전기 연구가들은 그가 생전에 그린 스케치가 수만 컷에 이르렀을 것이라고 추측한다. 그 스케치 가운데는 놀랍게도 비행기와 증기기관 등으로 보이는 기계 설계도도 있지만, 대부분은 사람과 동물 등을 스케치한 것이다.

　다빈치가 남긴 스케치를 보면 그가 그린 스케치가 예술인지, 아니면 과학인지 혼돈에 빠진다. 다음 10장의 스케치는 필자가 임의로 묶어 본 것이다. 모두 사람을 그린 것이다. 그러나 위쪽에 있는 스케치는 오늘날의 눈으로 보면 정확하게 인체 해부도다. 그가 그린 인체 해부 스케치는 마치 의학 교재를 보는 듯 치밀하다. 스케치 옆에는 다빈치 특유의 거꾸로 쓴 역서(거울문자라고도 부른다. 거울에 비추면 문자가 똑바로 보인다) 메모가 깨알같이 적혀 있다. 아래쪽으로 내려갈수록 회화의 성격이 점점 강해진다.

　이 10장의 스케치 중에서 어디까지가 과학 그림이고, 어디부터 예술 그림이라고 할 수 있는가? 그리고 다빈치에게 있어 예술과 과학의 경계는 과연 무엇인가? 어리석은 질문이다. 다빈치는 근대 과학이 탄생하기 전에 살았던 인물

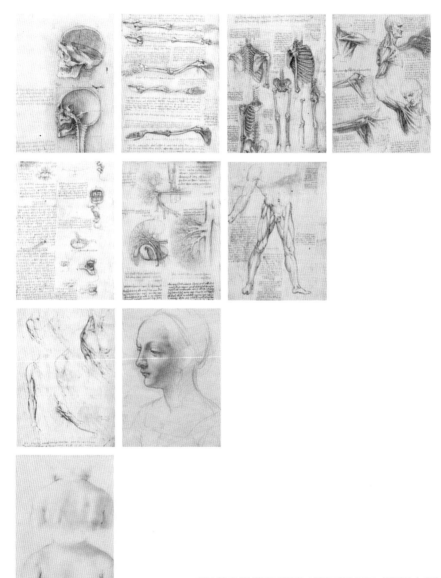

영국 윈저성의 왕립도서관에 소장된 레오나르도 다빈치의 스케치.

이다. 설사 당시에는 자연철학이라고 불렸던 과학과 예술의 차이를 묻는다고 하더라도, 그에게 그 차이는 그다지 중요한 것이 아니었을 듯싶다. 그는 자신의 눈에 비치는 대로 사람을 그렸을 것이다. 아마 그것이 죽은 사람이든 산 사람이든, 그 또한 그에게 별다른 의미를 갖고 있지 않았는지도 모른다. 그에게 진정으로 중요한 것은 그의 눈을 통해 들어온 경험과 그렇지 않은 것을 구분하는 일이 아니었을까?

다빈치가 남긴 메모에는 이런 말이 있다.

"모든 경험은 아침을 열게 한다. 경험을 통해서 알지 못하는 미지의 세계에 여명의 빛이 비친다. 경험을 쌓은 사람은 점술가보다 더 많은 사실을 알고 있다."

다빈치는 이런 메모도 남겼다.

"모든 앎의 기초는 지각에서부터 온다."

마치 얼마 뒤에 영국에서 등장하는 경험론 철학의 주장을 선취한 듯하다.

7 ∷∷∷∷

 르네상스 시대의 예술가 모두가 선 원근법의 신봉자는 아니었다. 레오나르도 다빈치와 항상 비교되는 또 한 명의 위대한 르네상스적 인간, 미켈란젤로 부오나로티가 대표적이다. 그는 선 원근법을 의도적으로 무시했다. 로마 성 시스티나 성당 천장에 그린 미켈란젤로의 벽화 〈천지창조〉와 〈최후의 심판〉에서 선 원근법은 철저하게 무시되었다. 먼 곳에 있는 인물과 가까운 곳에 있는 인물의 크기에 거의 차이가 없다. 특히 〈최후의 심판〉에서 그림 한가운데 위치한 예수는 다른 사람에 비해 무척 크다. 수많은 인물이 등장하지만 그 배경 장면은 거의 찾아보기 힘들 정도로 최소화했다. 그러나 이 성당을 찾는 사람들은 그 그림에 압도당하고 만다. 그 생생한 장면에 전율한다.

 미켈란젤로가 선 원근법을 알지 못했을 리는 없다. 르네상스 시대의 절정기를 살았던 그는 당시 풍미하던 선 원근법에 따라 기계적으로 그리는 그림에 만족하지 않았다고 보는 것이 옳다. 미켈란젤로에게 예술은 단순히 있는 그대로를 복사하는 모방이 아니라 생명력이 있는 창조 행위였다. 마치 '천지창조'에서 아담에게 생명을 불어넣는 하느님처럼.

 미켈란젤로는 그림보다 조각을 더 높이 평가했다. 그는 조각을 돌덩어리에 살아 있는 생명을 불어넣는 창조 작업이라고 보았다. 우피치 미술관 바로 옆에 자리한 피렌체 시청 앞에 전시되어 있다가 지금은 아카데미아 미술관에 보관되어 있는 〈다비드 상〉은 성경에 등장하는 거인 골리앗을 돌팔매로 물리친 소년 다비드_{다윗}를 형상화한 것이다.

그가 만든 다비드는 골리앗에게 막 돌을 던지려고 하는 장면을 포착한 것이다. 그 이전의 조각가들은 주로 쓰러진 골리앗의 머리를 발로 밟고 손에 칼을 쥔 채 포효하는 영웅 다비드를 표현했다. 그러나 미켈란젤로가 조각한 다비드는 앳된 얼굴의 소년이다. 눈은 상대방을 향하고 있고, 위로 향한 왼손에는 돌팔매가 쥐어져 있다. 왼발도 돌을 던지기 위해 약간 기울어져 있다. 다비드의 긴장된 근육이 그대로 보인다. 이건 돌덩어리가 아니다. 살아 있는 생명체다. 미켈란젤로가 〈다비드 상〉을 만들기 시작했을 때, 그의 나이는 스물여섯이었다.

미켈란젤로는 여러 면에서 다빈치와 비교된다. 다빈치가 정적이라면 미켈란젤로는 동적이다. 다빈치가 눈에 보이는 대로 사물을 그렸다면, 미켈란젤로는 뜨거운 가슴으로 사물을 만들었다. 다빈치는 그림을 높이 평가했지만, 미켈란젤로는 조각을 예술의 최고봉이라고 생각했다. 다빈치가 예술과 과학의 경계를 넘나들었다면, 미켈란젤로에게 예술은 혼을 불어넣는 창조 행위였다.

그렇다면 미켈란젤로는 중세 시대의 예술가들처럼 인간의 눈이 아닌 신의 눈으로 세상을 바라본 것인가? 아니다. 그가 그리고 조각한 인물들은 너무나 인간적이다. 심지어는 〈천지창조〉에 그려진 하나님의 모습도 우리와 같이 울퉁불퉁한 근육을 가졌고, 〈최후의 심판〉에 등장하는 예수 또한 적당히 살집이 붙은 모습을 하고 있다. 지금은 아랫부분을 가리고 있지만, 미켈란젤로가 〈최후의 심판〉을 그릴 때는 예수의 모습도 완전 나신이었다. 인간이 아름답다고 생각하지 않는다면, 도저히 그릴 수 없는 파격이었다. 그의 천장 벽화가 교황 전용 예배당에 그려져 있다는 점을 생각하면 더욱 그렇다.

미켈란젤로가 인간의 눈에서 신의 눈으로 회귀했다고 말한다면 그를 오해한 것이다. 그는 '눈'보다 '가슴'을 더 신뢰했다고 봐야 한다. 물론 그것은 '인간

미켈란젤로의 시스티나 성당 천장 벽화 〈최후의 심판〉. 1534～1541년 작.

의 가슴'을 말한다. 뜨거운 가슴 없이 바라본 세계는 생기를 잃은 세계에 불과하다. 마치 조각되기 전에 함부로 방치되어 있는 거대한 돌덩어리처럼. 그것을 새롭게 태어나게 하는 것은 눈의 역할이 아니라 가슴의 역할이다. 미켈란젤로는 다빈치와는 또 다른 방식으로 인간을 중시한 르네상스인이었다.

다빈치와 미켈란젤로, 많이 닮고 동시에 많이 다르기도 한 이 두 르네상스인은 근대의 두 흐름을 미리 예고했던 것인지도 모른다. 내 눈에 보이는 사물을 있는 그대로 드러내고자 하는 것이 다빈치 노선이라면, 내가 가진 역동적인 힘을 통해 사물을 바꾸어 보고자 하는 것은 미켈란젤로가 가고자 했던 길이다. 이러한 두 흐름은 때로는 충돌하고, 때로는 사이좋게 어울리면서 지금까지 계속되는 것이 아닐까?

미켈란젤로의 〈다비드 상〉. 피렌체 시청 앞에 있던 이 동상은 보존상의 문제로 현재는 피렌체 아카데미아 건물 안으로 옮겨져 있다.

8 ·:····

우피치 미술관 문밖으로 나온다. 미술관 앞 도로는 표를 끊고, 입장을 하는 관람객으로 여전히 만원이다. 바사리는 선 원근법의 원리를 표현하기 위해 건물을 저렇게 설계한 것은 아닐까 하는 생각을 문득 해본다. 우리는 건물을 지을 때 도로를 먼저 만들고, 그 도로에 접한 건물을 짓는 것이 일반적이다. 그런데 여기서는 건물과 도로의 선후 관계가 뒤바뀌었다. 건물이 먼저 만들어지고, 건물 사이로 형성된 좁고 긴 공간을 사람들이 다니면서 자연스럽게 도로가 만들어졌다. 그 도로의 어떤 지점에 서서 건물을 보더라도 내 눈앞에는 선 원근법으로 그려진 그림이 펼쳐져 나타난다.

바사리는 이 건물을 완성하지 못하고 죽었다. 지금은 세계적으로 유명한 미술관이 되었지만, 사실 우피치 미술관은 미술관 용도로 건축된 것이 아니라 메디치 가문이 일을 보는 집무실이었다. 이탈리아어로 '우피치'라는 말은 영어의 '오피스'에 해당한다. 그래서 이 건물은 '우피치 궁'으로도 불린다.

메디치 가문이 집무하던 우피치 궁이 전 세계에서 온 관람객으로 들끓는 우피치 미술관으로 바뀐 것은 메디치 가문의 마지막 혈통인 안나 마리아 루이사가 후손 없이 숨을 거두면서 메디치 가문의 전 재산을 피렌체 시민의 것으로 하라는 유언을 남겼기 때문이다. 이로써 초기 유럽 근대사의 숨어 있는 주역으로 300년 동안 역사 무대에서 활약했던 메디치 가문은 피렌체 시민에게 큰 선물을 남기고 그 무대에서 내려왔다. 끝이 특히 아름답다. 끝이 좋으면 모든 것이 아름다운 법이다.

메디치 가문은 세 명의 교황과 두 명의 프랑스 왕비를 배출했다. 공화제 도시국가였던 피렌체 공화국을 이끈 지도자들도 그 대부분이 메디치가 출신이었다. 메디치 가문이 가진 힘의 원천은 은행이었다. 세계 최초로 복식부기를 사용했다고 전해지는 메디치은행은 최고의 신용과 금융 기법을 지니고 있었으며, 막대한 부를 쌓아 올렸다. 1412년 교황청과 전속 은행 계약을 맺었으며, 유럽 각지에 16개의 현지 은행을 가지고 있었다. 요즈음 식으로 표현하면 프랜차이즈제를 도입한 글로벌 금융 기업이었던 셈이다. 유럽 주요 도시의 정보와 자금 흐름을 손바닥에 놓고 읽었으며, 마음만 먹으면 유럽의 모든 도시들을 단번에 파산시킬 수 있는 능력이 있었다고 한다. 큰 과장은 아닐 것이다. 정치적으로도 메디치 가문은 로마와 토스카나 지방을 아우르는 중부 이탈리아를 실질적으로 지배했다.

그러나 메디치 가문의 명성이 높은 것은 재력 때문이 아니다. 정치적인 영향력 때문도 아니다. 르네상스 시대의 인물들을 후원했기 때문이다. 메디치 가문을 '르네상스의 대부'라고 말하는 이도 있다. 동의한다. 르네상스 인물들 뒤에는 어김없이 메디치 가문이 등장한다. 다빈치와 미켈란젤로 역시 예외가 아니다. 그들은 메디치 가문에 의해 발탁되고, 메디치 가문의 지원을 받고, 메디치 가문의 의뢰를 받아서 예술 활동을 한 메디치 그룹의 사람들이었다. 다빈치와 미켈란젤로뿐이 아니다. 바사리가 쓴 《전기》에 등장하는 거의 모든 예술가가 그렇다고 보면 된다. 우피치 미술관에 전시되어 있는 모든 작품이 그렇게 태어났다고 보아도 된다. 우피치 미술관의 간판 그림 가운데 하나인 산드로 보티첼리의 〈비너스의 탄생〉은 메디치 가문의 별장에서 태어났다.

우피치 미술관은 다른 세계적인 미술관과 비교할 때 전시물 사이의 공간이 좁다. 그래서 좀 답답하다는 느낌을 준다. 그런데 사실은 전시 공간이 좁다기 보다는 전시할 작품이 너무 많기 때문이라고 봐야 할 것이다. 이에 따라 미술 관 측은 꾸준히 전시 공간을 넓혀 가고 있다. 2006년에는 1만 6000제곱미터약 4000평으로 확대했다. 그러나 아직도 상당수의 작품이 빛을 보지 못한 채 창고에 보관되어 있다고 한다.

로마 바티칸 궁에 있는 작품들도 메디치 가문과 깊은 관계가 있다. 바티칸 궁을 장식하고 있는 많은 작품들은 그 대부분이 메디치 가문 출신의 교황 레오 10세와 클레멘스 7세가 의뢰한 것이기 때문이다. 교황 레오 10세와 클레멘스 7세는 사촌간이다. 메디치 가문 출신답게 그들은 예술을 사랑했다. 재정이 궁 핍했던 로마 교황청은 메디치 가문 출신을 교황으로 선출했고, 부와 예술적 소 양을 갖춘 메디치 가문 출신 교황들은 그 기대를 저버리지 않고 바티칸 궁을 화려하게 장식했던 것이다.

레오 10세는 씀씀이가 컸다. 전임 교황이 아껴 모아놓은 교황청 예산은 그가 재위한 지 2년 만에 바닥이 났다. 그는 성 베드로 대성당 건립 자금을 모으기 위해 '면죄부'를 대대적으로 팔았다. 이에 항거한 마틴 루터를 파문해서 종교 개혁의 원인을 제공한 교황이 바로 레오 10세다.

클레멘스 7세는 알프스 북부 지방에서 종교개혁의 불길이 퍼져 나가고 있을 때도 그 심각성을 제대로 깨닫지 못했다. 그는 영국 국왕 헨리 8세와 이혼 문제 로 갈등을 일으킨 교황이다. 헨리 8세가 '천일의 앤'으로 불리는 앤 불린과 결 혼하기 위해 캐서린 왕비와 이혼하려고 했을 때, 클레멘스 7세는 이를 허가하 지 않았다. 캐서린 왕비가 당시 독일 황제의 숙모였기 때문에 눈치를 살피다 이혼을 허락하지 않았다는 것이 정설이다. 이는 결국 영국 성공회가 떨어져 나간 계기가 된다.

　메디치 가문은 근세를 예비한 두 역사적 사건, 곧 르네상스·종교개혁과 깊게 관여되어 있다. 르네상스에서는 유능하고 지혜로우면서도 선한 배역을 맡았으나, 종교개혁에서는 무능하고 민초의 어려움을 외면한 채 사치만 좋아하는 고약한 악역을 담당했다. 빛이 있으면 그림자도 생기는 법인가? 메디치가의 역사에는 이렇게 영욕이 교차한다.

9 ....

빠르게 움직이는 관광객 속에 파묻혀 피렌체 거리를 걸으면서 나는 시간의
접점을 계산한다.

상품을 잔뜩 쌓아 놓고 관광객을 호객하는 저 상인들만 없앤다면, 나는 '콰
트로센토'의 피렌체를 걷고 있는 셈이다. 콰트로센토는 1400년대를 뜻하는 이
탈리아어다. 곧 15세기를 가리킨다. 그러나 콰트로센토라는 말에는 단순한 숫
자 이상의 의미가 숨어 있다. 굳이 말한다면, 르네상스 기운이 움터나는 바로
그 시기의 피렌체 분위기다.

플라톤이 아테네에 세웠던 아카데미를 피렌체에 재현하기 위해 '플라톤 아
카데미'가 설립되고, 27개국의 언어에 능통했다는 조숙한 천재 피코 델라미란
돌라가 '르네상스 선언문'이라고 평가되는 〈인간 존엄에 대하여〉라는 논문을
쓰던 바로 그 시기다. 메디치 가문의 인물 가운데 가장 위대한 인물로 평가되
는 로렌조 메디치가 사부로 모시는 마르실로 피치노 플라톤 아카데미 원장과
함께 고대 그리스 문화의 재현을 꿈꾸던 시기다. 그 플라톤 아카데미에 어린
미켈란젤로의 모습이 보인다. 미켈란젤로의 천재는 그냥 하늘에서 떨어진 것
이 아니라, 그러한 분위기를 흡수하면서 자라났다고 나는 생각한다.

한때는 메디치 가문의 반대편에 속했던 정치공학의 대가 마키아벨리도 이
거리를 활보했을 것이다. 도덕과 정치를 엄격하게 구분하고, 현실 정치의 공학
적 측면을 파헤친 《군주론》은 로렌조 메디치에게 헌정된 것이다. 아니, 나는
그 책이 로렌조 메디치 단 한 사람을 위해 씌어졌다고 믿는다. "니콜로 마키아

벨리가 위대한 로렌조 데 메디치 전하께"라는 헌사가 역겨워 나는 몇 차례 책을 던져 버린 적이 있다. 속된 말로 닭살 돋는 그 헌사 다음에 나오는 그의 말은 놀라울 정도로 정치의 정곡을 찌른다. 그 섬뜩한 느낌은 그의 이름을 딴 마키아벨리즘이라는 용어를 유행시켰다. 그러나 마키아벨리즘은 오늘의 정치를 바라보는 데도 유효하다. 심지어는 닭살 돋는 헌사까지도. 마키아벨리는 그러한 헌사 또는 '충성 맹세'는 닭살스러울수록 효과가 크다는 것을 계산했는지도 모를 일이다.

쾌트로센토의 피렌체는 수천 년의 시간을 건너뛰어 기원전의 아테네를 재현하고자 했다. 그것이 가능한 일이었을까? 그 야심 찬 꿈을 담은 '르네상스 선언문'은 로마 교회청의 이단 파문을 당했다. 그 글을 쓴 피코 델라미란돌라는 메디치 가문의 도움으로 겨우 파문에서 풀려났다. 그 한참 뒤의 일이지만, 메디치 가문의 궁정 학자였던 갈릴레오 갈릴레이는 지동설을 지지하는 주장으로 역시 로마 교황청으로부터 파문을 당했다. 갈릴레이가 파문될 당시에는 그의 보호자 메디치 가문이 로마 가톨릭교회를 좌지우지하던 때였다. 우리가 생각하는 세계에서는 시간의 벽을 자유롭게 넘나들 수 있지만, 우리가 살고 있는 세계에서는 시간을 뛰어넘기가 힘든 법이다. 쾌트로센토의 피렌체에 새로운 시대가 찾아왔다는 점은 분명했다. 그러나 아직도 밖은 겨울이다. 쾌트로센토의 피렌체에서 휴머니스트들은 봄을 노래했다. 그것은 르네상스가 우리에게 불러 준 희망의 노래인 동시에 한계의 몸짓이기도 했다.

갈릴레오의 달, 지동설을 흔들다.

근대 과학을 개척한 갈릴레오 갈릴레이는 메디치 가문의 후원을 받는 궁정 학자였다. 1610년 갈릴레이는 네덜란드에서 가져온 천체 망원경으로 목성을 관측하다 목성 주위를 도는 세 위성을 발견했다. 당시는 지구가 천체의 중심이고, 해와 달 그리고 모든 별들이 지구를 중심으로 회전한다는 이른바 천동설을 믿던 시절이었다. 목성 주위를 도는 위성이 있다는 것은 천동설의 기반을 송두리째 흔드는 대사건이었다. 갈릴레이는 그가 발견한 목성의 달에 '이오', '유로파', '칼리스토' 라고 이름을 붙였다. 모두 메디치가 아이들의 이름이었다. 며칠 뒤 갈릴레오는 네 번째 목성의 달을 발견했다. 네 번째 목성의 달은 5등급의 별로 수성보다도 더 밝아서 처음에는 도저히 위성이라고 생각하지 못했던 것이다. 네 번째로 발견한 목성의 달에는 그리스 신화에 나오는 미소년 가니메데스의 이름을 따서 '가니메데' 라는 이름을 붙였다. 갈릴레이는 이 네 개의 목성의 달을 '메디치의 별' 이라고 이름 지었다. 그를 후원하는 메디치 가문에 대한 감사의 표시였다. 갈릴레이가 메디치의 별이라고 부른 네 개의 목성의 달은 오늘날에는 '갈릴레이 위성' 이라고 불린다(그 뒤 목성의 달은 모두 16개가 발견되었다).

목성 주위를 도는 네 개의 갈릴레이의 달. 위로부터 이오,
유로파, 칼리스토, 가니메데. 갈릴레오 갈릴레이가 목성 주위를
도는 달을 발견한 것은 지구를 중심으로 천체가 돈다는
천문학의 기반을 흔드는 대사건이었다.

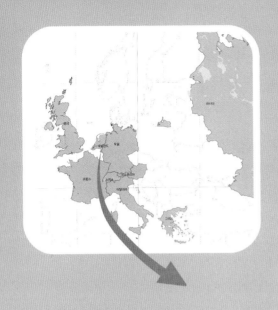

네덜란드 N e t h e r l a n d s

5 이성은 자연을 있는 그대로 밝히는 빛이다 : : 암스테르담

암스테르담에서 우리는 17세기 황금빛 흔적을 만난다. 네덜란드에서 '황금시대'라고 부르는 17세기의 암스테르담은 대서양과 인도양에서 무역 상품이 쏟아져 들어오는 세계 무역의 전시장이 었으며, 종교와 사상의 자유를 찾아온 자유의 땅이기도 했다. 근대 철학의 아버지라고 불리는 데카르트는 이곳에서 새 시대의 철학을 선보였으며, 삶과 철학에서 가장 완성도 높은 근대 철학자 가운데 한 명으로 평가되는 스피노자의 무대 역시 이곳이었다. 화가 렘브란트가 이 도시에서 빛의 세계를 선보였듯이, 근대 철학의 빛은 암스테르담에서 시작되었다.

1 ·····

그는 떠돌이였다. 끊임없이 짐을 싸고 풀었다. 평생 그가 얼마나 이사를 했는지는 정확히 모르겠으나, 네덜란드에서만 18번 이사를 했다. 프랑스에서 태어나 주로 네덜란드에서 활동했으며, 스웨덴에서 사망한 그 사람의 이름은 르네 데카르트다.

사람들은 그를 '근세 철학의 아버지'라고 부른다. 또 '근세 수학의 아버지'로 부르기도 한다. 그러한 평가가 옳다면, 그것은 데카르트를 분기점으로 철학이 확 바뀌었다는 뜻이다. 수학이 근본적으로 달라졌다는 뜻이다. 도대체 무엇이 어떻게 달라졌기에?

수학 이야기부터 시작하자. 중학교 수학 시간에 우리는 가로로 눕힌 x축과 세로로 세운 y축을 교차시킨 평면 좌표에 대해 배운다. 이 좌표의 이름은 '데카르트 좌표'다. 데카르트가 처음 이 좌표를 만들었기 때문에 붙은 이름이다.

별것 아닌 것처럼 보이지만, 이 좌표가 끼친 영향력은 매우 크다. 우선, 숫자 앞에 마이너스가 붙은 음수의 개념이 시각적으로 선명하게 드러난다. 지금은 영하의 기온을 표시하거나 부채를 기록할 때 등 실생활에서도 음수가 유용하게 쓰이지만, 오랜 세월 음수는 수의 세계에서 버림을 받았다. 숫자의 연산법칙을 다루는 산수를 체계화한 알렉산드리아의 학자 디오판토스는 방정식을 풀때 음수의 근이 나오면 이를 버렸다. 숫자와 사랑에 빠진 이 뛰어난 고대 수학자에게도 음수는 쓸모없는 존재였던 모양이다. 데카르트 좌표의 유용성은 우선 추상적인 대수학을 이렇게 시각화했다는 데서 찾을 수 있다.

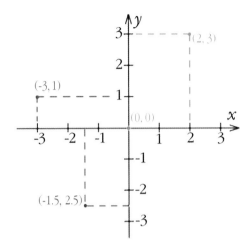

x축과 y축을 교차시킨 데카르트의 평면 좌표. 2차원 평면상의 모든 점의 위치를 표시할 수 있다.

물론 그것이 전부가 아니다. 저 좌표를 이용하면 우리는 기하학에 나오는 도형을 기호, 곧 숫자와 문자로 체계화할 수 있다. 잠시 우리가 수학 시간에 배웠던 1차 함수와 2차 함수의 기억을 되살려 보기를 바란다. $y=ax+b$(a와 b는 상수)는 1차 함수의 일반형이다. 중학교 수학 시간에 배운 내용이다. 함수 y가 x의 1차식으로 표시되며, 그래프는 직선이다. 기억이 새로운가? $y=ax^2+bx+c$ ($a\neq0$, a와 b와 c는 상수)는 2차 함수의 일반형이다. 여기서 함수 y는 x의 2차식으로 표시되며, 그 그래프는 포물선으로 나타난다. 슬슬 골치 아파지기 시작한다면, 이쯤에서 그만! 다만 한 가지는 꼭 확인하고 넘어가기로 하자. 선과 포물선은 숫자와 문자로 일반화해서 표시할 수 있게 되었다는 사실이다. 도형의 성질을 다루는 수학의 분야를 기하학이라고 한다. 기하학은 대수학과 함께 수학의 양대 영역으로, 오랜 세월 동안 서로 독립적으로 발전해 왔다. 그런데 저 데카르트 좌표는 숫자와 문자로 구성된 기호의 학문인 대수학과 도형과 공간의 학문인 기하학의 경계를 허문다. 저 좌표가 발명되면서 대수는 공간 개념을 갖게 되고, 기하는 수식으로 표현할 수 있게 된 것이다.

데카르트 좌표를 사용해서 대수와 기하를 하나로 묶은 수학을 해석기하학이라고 부른다. 좌표기하학이라고 부르기도 한다. 데카르트의 공헌을 기려 데카르트 기하학이라고 부르는 이도 있다.

데카르트가 만든 해석기하학 이전에 기하학은 곧 유클리드 기하학을 뜻했다. 기하학은 유클리드 기하학과 등식 관계였다. 유클리드 기하학을 만든 유클리드의 생애는 미지수로 남아 있지만, 그가 남긴 책《기하학 원본》은 그의 이름을 역사에 오래 남게 했다. 서양에서는 유명하거나 베스트셀러를 말할 때, '성경 다음으로 많이 읽은 책' 또는 '성경 다음으로 많이 출간된 책'이라는 표현을 자주 쓰는데,《기하학 원본》역시 성경 다음으로 많이 읽은 책이라고 주장되는 고전 중의 고전이다.

유클리드 기하학은 기본적인 가정(공리와 공준)에서 출발해 명제를 하나씩 증명하는 방식으로 되어 있다. 여러분도 대부분 수학 시간에 유클리드 기하학을 이용해서 '피타고라스 정리'를 증명하느라 골치깨나 썩인 기억이 있을 것이다. 유클리드 기하학에서는 하나의 정리를 증명하기 위해 증명된 정리를 다시 사용하기 때문에, 명제를 하나씩 격파하는 데 재미를 들인 사람에게는 마치 컴퓨터 게임을 하듯 짜릿한 쾌감을 주지만, 그것이 재미없는 사람에게는 지옥 같은 시간이기도 하다. 지금도 초급 수학에서는 유클리드 기하학을 배우는 것으로 안다. 아마도 머리를 단련하는 논리 훈련에 좋기 때문일 것으로 짐작한다.

그러나 유클리드 기하학은 2차원 평면에서 전개되는 이론이기 때문에 지구와 같은 구면에서는 그것을 적용하기가 어렵다. 예를 들어 삼각형의 내각의 합이 180도라는 유클리드 기하학에서 증명된 명제도 2차원을 벗어나면 무용지물이 된다. 미리 정한 가정(공준)이 통하지 않기 때문이다. 하나의 명제가 무너지면, 그 명제를 토대로 차곡차곡 피라미드처럼 쌓아 올린 다른 명제들도 와르르 무너진다.

그러면 해석 기하학에서는? 간단히 해결된다. 축을 하나 더 세우면 그뿐이다. 그러면 3차원 공간을 표시하는 데카르트 좌표가 태어난다. 이론적으로는 n차원까지 가능할 것이다. 물론 n차원에서 유용한 이론을 세우는 것은 그것을 필요로 하는 사람들이 담당해야 할 몫일 것이다. 2차원 데카르트 평면 좌표에서 큰 시사를 얻은 수학자들이 미적분이라는 새로운 이론을 세운 것처럼.

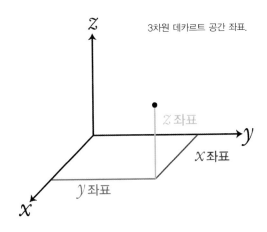

3차원 데카르트 공간 좌표.

앞의 질문으로 돌아가자. 데카르트를 근대 수학의 아버지라는 이름으로 부를 만한가? 그 이전의 수학과 그 이후의 수학이 확 달라졌는가? 그렇다. 데카르트는 그 이전의 수학에서는 볼 수 없었던 새로운 발상을 통해 수학의 세계를 확 바꾸어 놓은 인물이다. 우리가 유클리드 기하학에 따라 명제를 많이 추가했다고 하더라도 수학의 발전은 몇 걸음 더 나아가지 못했을 것이다. 그것은 토마스 쿤의 표현을 빌리면 패러다임의 전환이다. 데카르트가 근대 수학의 아버지라는 칭호를 받을 만한 자격이 충분하다고 나는 믿는다.

근대 수학의 세계를 연 이 기념비적인 책은 1637년 네덜란드 레이덴에서 출판되었다. 그 책의 제목은《이성을 올바르게 이끌어 여러 학문에서 진리를 구하기 위한 방법에 관한 서설》이다. 제목이 너무 길기 때문에《방법 서설》이라고 줄여서 부르는 책이다. 그런데 묘하게도《기하학》은 그 긴 제목을 가진 서설 뒤에《광학》,《기상학》과 함께 꼬리처럼 붙어 있다. 제목만 따지고 보면, 서설은 그 개별 학문인 광학, 기상학, 기하학 등에 관한 서설로 보아야 할 것이다. 그러나 편집 체제로 보아도 그렇고 실제 내용으로도 서설이 본 글이고, 기하학 등은 부록에 불과하다.

도대체 그 서설이 얼마나 대단하기에 근대 수학의 세계를 개척한 '기하학'을 부록으로 밀어냈을까? 그 서설에는 데카르트의 철학이 담겨 있다. "나는 생각한다. 고로 나는 존재한다"는 유명한 구절이 여기에서 등장한다. 말하자면 이 책 한 권으로 데카르트는 근대 수학의 아버지와 근대 철학의 아버지라는 타이틀을 동시에 얻은 셈이다. 그런데 잠깐! 생각하기에 존재한다는 그 알쏭달쏭한 말이 그렇게 대단한가? 그 말 한마디로 철학의 흐름을 확 바꾸어 놓았다는 말인가? 이제 그의 철학 이야기를 해볼 차례다.

2 ·····

《방법 서설》은 쉽게 읽을 수 있는 책이다. 철학은 으레 어렵고 딱딱한 것이라는 생각을 배반한다. 철학 전문 용어도 없다. 일상생활에서 쓰는 평범한 언어를 사용하고 있다. 딱딱한 논문의 틀이 아니라 읽기에도 편하다. 마치 가까운 친구에게 보내는 편지처럼 저자의 학문적 생애와 학문에 대한 생각을 솔직하게 말하고 있다.

청소년이라면 《방법 서설》만큼은 어설픈 해설서를 통하지 말고 직접 읽어 보기를 권한다. 청소년을 위한 권장 도서 목록에 철학 고전들이 꽤 포함되어 있지만, 솔직히 말하면 철학적인 배경 없이 어려움을 느끼지 않으면서 읽을 수 있는 책은 그다지 많지 않다. 그런데 《방법 서설》은 누구나 쉽게 읽을 수 있는 큰 미덕을 갖춘 철학 책이다.

또 삶의 경륜이 쌓인 독자에게도 《방법 서설》을 다시 읽어 보기를 권한다. "나는 생각한다. 고로 나는 존재한다"는 데카르트가 내린 결론에 얽매이지 말고, 그 결론을 내리기까지 생각의 과정을 천천히 되짚어 보기를 바란다. 나는 데카르트가 내린 결론은 중요하다고 생각하지 않는다. 무엄하게 말하면, 데카르트가 내린 결론은 좀 우스꽝스럽다고 생각한다. 그러나 이 책은 제목이 말해 주듯 '방법'에 관한 책이다. 그가 도달한 결론은 일종의 덤이다.

《방법 서설》은 쉽게 읽을 수 있는 책이지만, 쉽게 씌어진 책은 결코 아니다. 이웃 나라로 도망간 겁 많은 데카르트가 그곳에서 보따리를 18번씩 싸면서 어렵게 내놓은 책이다. 그가 발견한 세상의 진리 중에서 무엇을 드러내고 무엇을

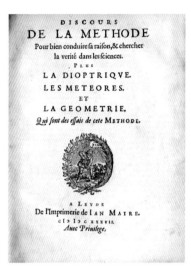

데카르트의 《방법 서설》 초판. 1637년 네덜란드 레이덴에서 프랑스어로 출간되었으며,
라틴어 번역본은 그가 세상을 떠난 뒤 1656년 네덜란드 암스테르담에서 나왔다.

감추어야 하는지 전략적으로 고민하고 쓴 책이다. 당시에는 보기 드물게 프랑스어로 씌어진 이 책이 그의 남다른 프랑스어 사랑 때문이라고 생각하지 않는다. 책을 한 사람이라도 더 많이 읽혀 그의 우호 세력을 넓히기 위한 전략적 선택이라고 추측한다.

《방법 서설》은 대학 강단에 선 철학 교수가 고고한 목소리로 세상의 이치를 밝힌 책이 아니다. 기존의 권위를 인정하지 않았으되 그 권위의 현실적인 힘에 잔뜩 겁을 집어먹은 한 지식인 도망자가 자신의 학문 방법을 호소하듯 쓴 책이다. 그렇다고 예언자가 광야에서 외치듯 목숨 걸고 온몸으로 맞서서 쓴 책도 아니다. 그보다는 치고 빠지기 식으로 자신의 학문 방법을 변호한 책이다. 따라서 과정을 생략하고 결론으로 그가 내민 "나는 생각한다. 고로 나는 존재한다"는 경구에만 주목하면 《방법 서설》은 우스꽝스러워진다. 그래서 다이제스트 식으로 요약된 데카르트 철학은 그 이전의 고대 철학이나 중세 철학보다 더 볼품없이 진열되기 마련이다.

그래서 나는 데카르트 철학의 내용을 다이제스트 식으로 요약할 생각이 없다. 미안하지만 여러분 스스로 그의 책을 도서관에서 빌려 읽어 보기를 다시 추천한다. 더욱이 《방법 서설》은 글맛이 좋기로 이름난 책이다. 그 자신이 뛰어난 문재文才가 있다고 자부해 왔던 영국 철학자 버트런드 러셀도 《방법 서설》의 글쓰기에 감탄했을 정도였으니까.

3 •••••

　암스테르담 거리는 17세기의 모습이다. 유럽의 이름 있는 도시치고 과거의 영광이 없는 곳이 있을까마는, 우리는 암스테르담에서 17세기 황금빛 흔적을 만난다. 네덜란드인은 17세기를 '황금시대'로 부른다. 그때의 네덜란드는 세계 무역의 전시장이었고, 종교 박해를 피해 찾아온 자유의 땅이었으며, 또 유럽 문화의 중심이었다. 대서양과 인도양에서 무역 상품이 쏟아져 들어오던 시절이었다. 뉴욕이 뉴 암스테르담으로 불리던 시절이었다. 데카르트가 피신한 자유의 땅이었으며, 스피노자 가족이 포르투갈에서 종교의 자유를 얻기 위해 정착한 땅이었다. 화가 렘브란트가 빛의 세계를 만든 곳이었다. 암스테르담은 네덜란드 황금시대의 중심지였다. 지금도 암스테르담 도시 계획의 기본 원칙은 17세기 도시 풍광을 훼손하지 않는 것이다. 그래서 암스테르담에는 어제와 오늘이 공존한다. 도로와 운하가 나란히 이 도시를 달리고, 자연과 문화가 함께 숨을 쉬듯이.

　담 광장을 빠져 나와 이름 모를 길을 걷는다. 암스테르담 거리는 온통 붉은 빛이다. 붉은 벽돌 때문이다. 길옆에 나란히 선 박공지붕의 건물도, 길과 함께 달리는 운하도 붉은 벽돌 건물로 쌓아 올렸다. 저 붉은 벽돌 색이 암스테르담의 빛깔처럼 보인다. 그러고 보니 붉은 빛이 감도는 암스테르담의 명물, 암스텔 맥주도 저런 색이다.

　데카르트는 그의 나이 서른둘에 네덜란드에 왔다. 그때가 1628년. 쉰넷이 되는 1650년까지 네덜란드에서 살았다. 암스텔 강 하구에 댐을 쌓아 만든 암스테

암스텔 강에서 본 암스테르담 거리.

르담이 지금과 같은 도시로서의 뼈대를 갖춘 것이 1613~1663년 사이라고 하니, 그는 암스테르담 황금시대의 한복판에 머문 셈이다.

데카르트는 왜 네덜란드에 왔을까? 일자리 때문에? 아니다. 그는 요즈음 같은 대학에 있는 철학교수가 아니다. 대학에 적을 둔 직업 철학자는 임마누엘 칸트에서부터 시작되었다고 봐야 한다. 다빈치 같은 화가가 메디치 가문의 후원을 얻었듯이, 모차르트 같은 작곡가가 합스부르크가의 후원을 받았듯이, 학자들도 유력한 후원자를 가지고 있었다. 갈릴레오 갈릴레이가 메디치 가문의 도움을 받았던 것처럼. 예술가도 학자도 먹고사는 문제를 해결해야 하는 생활인이 아닌가? 후원자의 도움이 끊어지는 순간, 그들의 삶은 곤궁해진다. 모차르트가 고생길에 접어든 것은 그 끈이 끊어진 다음부터다. 모차르트가 서른다섯의 젊은 나이로 생을 마감한 것도 이와 무관하지 않았을 것이다. 학자도 비슷한 운명이었다. 마키아벨리가 《군주론》을 메디치 가문에 헌정한 것도, 갈릴레오 갈릴레이가 목성의 달을 발견하고 그 이름을 메디치 가문에 바친 것도 그 끈을 놓치지 않기 위해서였다.

그렇다면 데카르트는 그의 생활을 보장해 줄 후원자를 찾아 네덜란드에 온 것인가? 아니다. 그는 네덜란드로 가기 전에 자신의 전 재산을 처분했다. 요즘 말로 하자면, 그는 네덜란드 이민을 떠난 것이다.

데카르트에게 생활을 책임져 줄 후원자가 필요 없었다는 것은 그의 행운이었다. 그는 마키아벨리처럼 그를 후원해 줄 수 있는 단 한 사람의 유력한 독자를 위해서 책을 쓸 필요가 없었다. 그는 불특정 다수의 독자들을 위해 책을 썼다. 마키아벨리의 《군주론》은 마키아벨리가 왜 그 책을 썼는지를 한 사람의 유력자에게 설명하는 헌사로 시작한다. 그러나 데카르트는 그럴 필요가 없었다.

그의 《방법 서설》은 왜 그 책을 썼는지를 불특정 다수의 독자에게 설명하는 서문으로 시작한다. 그가 유복했다는 점은 그의 행운인 동시에 우리의 행운인지도 모른다.

4 :::::

네덜란드에서 데카르트는 저술 활동에 전념했다. 그의 주요한 저작은 대부분 네덜란드 시절에 씌어진 것이다. 1633년, 그는 《세계》와 《인간》을 탈고했다. 《우주론》으로도 번역되는 《세계》는 오늘의 눈으로 보면 자연과학에 해당된다. 요즈음 학문 분류로 하면 물리학과 천문학에 가깝다. 세계우주가 어떻게 구성되어 있으며, 어떤 원리에 의해 움직이는가 하는 문제를 다룬 것이다. 그가 본격적으로 쓴 최초의 본격적 논문이라고 할 수 있다. 또 다른 논문 《인간》은 《세계》의 연장선상에서 나왔다고 할 수 있다. 데카르트가 쓴 인간론은 '물질로서의 인간' 과 '정신으로서의 인간' 을 구분하고 있는데, 여기서 물질로서의 인간은 그가 《세계》에서 밝힌 물질의 속성과 그대로 일치하기 때문이다.

《세계》에서 데카르트가 맞서고자 한 인물은 아리스토텔레스였다. 아리스토텔레스는 서양 역사에서 처음으로 학문을 체계화한 고대 그리스 철학자다. 거의 모든 학문 분야에서 그 학문의 원류를 찾아갈 때 꼭 만나는 인물이 바로 아리스토텔레스다. 자연적인 사물을 뜻하는 '피시스' 를 연구하는 물리학을 처음으로 체계화한 사람도 아리스토텔레스고, 형이상학을 뜻하는 '메타피직스' 라는 말의 어원도 아리스토텔레스에게서 나왔다.

앞서 우리는 데카르트가 유클리드에 맞서 수학의 세계를 근본적으로 바꾸어 놓았다고 말했다. 그런데 아리스토텔레스는 유클리드에 비할 바가 아닌 거인 중의 거인이다. 그가 세운 방대한 학문 체계는 유럽을 2000년 동안 지배해 왔다고 할 수 있다. 그뿐만이 아니다. 아리스토텔레스가 세운 자연 철학은 기독교 원리와 융합해서 그 어떤 도전도 용납되지 않는 철벽을 쌓아 놓았다. 그 움직일 수 없는 원리 가운데 대표적인 예가 지구가 우주의 중심이고, 지구를 중심으로 천체가 움직인다는 '천동설'이다. 서양 사상을 형성한 두 원류인 그리스 사상과 기독교 사상은 때로는 갈등을 빚기도 했지만, 지구가 우주의 중심이 된다는 점에 관한 한 서로 굳게 손을 잡고 있었다. 여기에 도전한다는 것은 계란으로 바위를 깨뜨리는 격이었다.

아마 여러분 중에 프톨레마이오스를 잘 아는 이들은 천동설은 아리스토텔레스가 세운 것이 아니라 프톨레마이오스의 학설이라고 이의를 제기할지도 모른다. 그렇다. 프톨레마이오스가 천동설을 체계적으로 완성했다. 그러나 프톨레마이오스 천문학은 아리스토텔레스의 자연 철학에 기초하고 있다. 프톨레마이오스 천문학을 완벽하게 무너뜨리기 위해서는 끝판에는 아리스토텔레스와 맞설 수밖에 없다.

Schema huius præmissæ diuisionis Sphærarum.

아리스토텔레스 철학에 기초한 프톨레마이오스 천체도.
1539년 안트워프에서 출판된 도해도다.

아리스토텔레스를 무너뜨리기 위해서는 넘어야 할 벽이 또 있었다. 그것은 아리스토텔레스의 천체관을 지지하는 로마 가톨릭교회였다. 죽은 아리스토텔레스는 무섭지 않지만, 살아 있는 힘을 가진 로마 가톨릭교회는 무섭다. 아리스토텔레스의 천체관이 지닌 오류를 무너뜨리는 것이 교회의 권위를 부정하는 것이 아니라는 점을 납득시켜야만 한다.

데카르트는 《세계》를 탈고했지만, 책을 내지는 못했다. 갈릴레오 갈릴레이가 로마 가톨릭교회에서 파문당했다는 소식을 듣고 겁이 났기 때문이다. 데카르트가 살아 있는 동안에는 《세계》를 펴내지 않았다. 그 책은 데카르트가 죽은 지 14년 뒤인 1664년에 출간되었다.

아리스토텔레스는 지구는 정지해 있고 태양과 행성이 지구 중심을 일정하게 돈다고 했다. 그 증거로 위로 던진 공은 다시 돌아온다는 점을 들었다. 위로 던진 공이 지구 중심으로 되돌아오는 것과 같은 운동을 아리스토텔레스는 '수직 운동'이라고 불렀다. 이 수직 운동은 아리스토텔레스가 말하는 네 가지 운동(변화, 수직 운동, 수평 운동, 천체 운동)의 핵심을 이룬다. 아리스토텔레스는 수직 운동을 다시 둘로 나누었다. '위로 향하는 운동'과 '아래로 향하는 운동'이다. 모든 물체는 위로 올라가거나 아래로 떨어진다. 대부분의 물체는 아래로 떨어지지만, 불과 연기는 위로 올라간다. 왜? 흙과 물이 주를 이루는 물체는 지구의 중심을 향해 아래로 떨어지지만, 불과 공기는 그 고향이 하늘이기 때문에 위로 올라간다. 따라서 수직 운동에서는 힘이 필요 없다고 아리스토텔레스는 생각했다. 굳이 물체에 힘을 가하지 않아도, 물체는 그 속성에 따라 위로 올라가거나 아래로 떨어질 뿐이다.

물체에 힘을 가해 강제로 움직이게 하는 운동은 '수평 운동'이다. 이것은 수직 운동과 같이 물체의 속성에서 일어나는 운동이 아니다. 힘을 주어야 일어나는 운동이다. 따라서 수평 운동에서는 물체를 움직이게 하기 위해서는 계속 힘을 주어야 한다.

아리스토텔레스는 쇠가 녹이 슬고, 나뭇잎에 단풍이 들고, 색이 바래는 '변화'도 운동의 한 범주로 보았다. 좀 이상한 느낌이 들기는 하지만, 아리스토텔레스에게 있어 운동이란 물질의 자연적 체계가 변하는 것을 의미하기 때문에 계절이 바뀌는 변화도 운동의 한 범주에 포함시켰던 것이다.

이러한 지상에서의 운동과는 달리 천체는 다른 원리에 의해 움직일 거라고 아리스토텔레스는 생각했다. 아리스토텔레스는 천체에 존재하는 것은 완전한 것으로, 지상에 존재하는 것은 불완전한 것으로 보았다. 따라서 천체에 있는 물체는 지상에 있는 네 개의 원소, 곧 위로 올라가는 공기와 불, 아래로 떨어지는 흙과 물과 다를 것이라고 생각했다. 천상계에 있는 제5의 원소를 아리스토텔레스는 '에테르'라고 불렀다. 에테르는 지상의 물체와는 달리 질량이 없다고도 했다. 모양도 완벽한 구형일 것이라고 추정했으며, 그 움직이는 궤적도 원을 이룰 것이라고 설명했다. 이것이 아리스토텔레스가 말하는 '천체 운동'이었다.

지금 보면 황당한 운동 이론이다. 그러나 아리스토텔레스가 기원전의 세계에서 살았던 인물이라는 점을 생각해 보라. 진위 여부를 떠나 그 진술이 매우 체계적이지 않은가. 아리스토텔레스 물리학이 2000년 가까이 유럽을 지배해 온 것은 따지고 보면 아리스토텔레스가 비난받아야 할 일은 아니다. 아리스토텔레스는 당시의 지식수준에서 그것을 하나의 틀로 묶었을 뿐이다. 정작 비난받아야 할 사람은 아리스토텔레스 물리학에 사로잡혀 있던 이후의 학자들이 아니겠는가?

갈릴레오 갈릴레이는 아리스토텔레스의 운동론에 가장 많은 흠집을 낸 사람이다. 갈릴레이는 망원경으로 목성에 위성이 있다는 관측을 해 프톨레마이오스의 천동설에 반기를 들었다. 그것은 또한 아리스토텔레스의 지구 중심 우주론에도 비수를 꽂은 격이었다. 진자 운동을 실험하면서 관성의 개념을 내비쳤다. 그것은 아리스토텔레스가 말하는 수평 운동의 개념을 흔들어 놓은 것이다. 그러나 현실 세계에서 위험에 처한 것은 아리스토텔레스가 아니라 갈릴레이였다.

로마 가톨릭교회에서 지동설을 부인한 뒤, "그래도 지구는 돈다"고 중얼거렸다는 갈릴레이의 말은 아마도 그것을 드라마적 요소로 만들기 위한 후세인의 창작품일 것이다. 그가 고향인 피사 대성당에 있는 기울어진 탑에서 쇠공과 나무 공의 자유낙하 운동을 실험한 뒤, 모든 물체는 질량과 관계없이 떨어지는 속도가 일정하다는 결론을 얻어 아리스토텔레스의 운동론에 흠집을 냈다는 것도 역시 누군가가 지어낸 이야기일 것이다. 피사 대성당에 있는 그 탑은 무게를 이기지 못하고 기울어질 만큼 제법 높은 편이지만, 자유낙하 운동을 실험할 만큼 충분한 높이는 아니다. 더욱이 실제로 그런 실험을 했다면, 무거운 물체가 먼저 떨어지는 것이 당연하다. 공기의 저항 때문이다. 그러나 갈릴레이에 얽힌 모든 예화는 그 사실 여부를 떠나 근대 과학이 얼마나 힘들게, 그리고 얼마나 조심스럽게 권위와 싸워 왔는가를 보여 준다. 굳이 그 사실 여부를 따지지는 말자. 근대 과학의 주춧돌을 놓은 사람들의 공포는 지금 우리가 생각하는 것보다 훨씬 컸을 것이다.

5 ·::::.

데카르트는 갈릴레이와 같이 지동설을 지지하고 있었다. 그러나 갈릴레이처럼 실험을 통해 아리스토텔레스의 운동론에 흠집을 내는 것이 아니라, 아리스토텔레스의 자연 철학을 향해 직격탄을 퍼부었다. 그것을 한마디로 표현한다면, 아리스토텔레스의 목적론적 세계관을 기계론적 세계관으로 뒤바꾸어 놓는 일이다.

데카르트는 세계가 기계처럼 움직인다고 보았다. 비유해서 말하면, 세계는 기계의 힘에 의해 작동하는 하나의 커다란 시계와 같은 것이었다. 그 거대한 시계가 움직이는 것은 어떤 목적이 있어서가 아니다. 그 자체의 운동의 법칙에 따라 움직일 뿐이다. 아리스토텔레스가 말하는 것처럼 운동은 그 자신은 움직이지 않으면서 다른 모든 것을 움직이게 하는, 이른바 '부동의 원동자'의 힘에 의해 일어나는 것이 아니다.

아리스토텔레스가 말하는 '부동의 원동자' 개념이 기독교에서 가르치는 신의 개념과 융합되었다는 사실을 데카르트는 잘 알고 있었다. 그것을 부수는 것이 얼마나 힘들고 위험한지도 잘 알고 있었을 것이다. 그가 자유의 땅 네덜란드로 간 것도, 거기에서 여러 차례 거처를 옮긴 것도, 그리고 《세계》의 원고를 완성한 뒤에도 겁이 나서 출판을 하지 못한 것도 그 점을 잘 알고 있기 때문일 것이다.

데카르트가 《세계》 대신 《방법 서설》을 최초로 세상에 내놓은 것은 전략적 선택이었다. 그 점은 1641년 그의 또 하나의 주요 저서 《제1철학에 대한 성찰》

을 내놓으면서, 데카르트에게 있어 세상을 향한 창구 역할을 해준 메르센 신부에게 보낸 편지에서 잘 드러난다.

"이《성찰》은 나의 자연학의 기초에 대한 전체를 함축하고 있습니다. 그러나 이것은 아무에게도 말하지 마십시오. 그렇지 않으면 아리스토텔레스 신봉자들은《성찰》을 인정할 마음이 틀림없이 없을 테니 말입니다. 게다가 나는《성찰》을 읽는 사람들이 자기도 모르는 사이에 나의 여러 원리에 익숙해지고, 그것이 아리스토텔레스의 원리를 사멸시키기를 기대하고 있습니다."

말하자면《방법 서설》과《성찰》은 그의 자연학을 큰 마찰 없이 세상에 연착륙시키기 위한 전략에서 쓴 책이라고 할 수 있다. 프랑스어로 씌어진《방법 서설》이 불특정 다수의 일반 독자들에게 그것을 알리기 위한 것이라면, 라틴어로 씌어진《성찰》은 제도권에 몸담고 있는 학자들을 겨냥해서 쓴 것이다. 실제로《성찰》을 출판하기에 앞서, 데카르트는 그의 플레쉬 학교 동창이기도 한 메르센 신부에게 다리를 놓아 파리대학 신학부의 공인을 받으려고 했다. 파리대학 신학부는 당시 프랑스에서 최고 권위를 가진 곳이었다.

《성찰》이 나온 3년 뒤인 1644년, 데카르트는 당시 학계를 지배하던 스콜라 철학의 입맛에 맞게《철학의 원리》를 다시 내놓는다. 스콜라 철학 교과서의 스타일을 본떠서 만든 책으로, 좋게 말하면 체계적인 저술이고, 비판적으로 말하자면《방법 서설》에서 보여 주는 명증한 맛이 떨어지는 책이다. 《철학의 원리》는 그 당시 철학 교과서로 통하던 아리스토텔레스 형이상학을 대체하기 위한 목적으로 씌어진 것이었다. 그리고 그의 전략은 적중했다. 데카르트의 명성은 유럽에 퍼져 나갔고, 지식인 사회에서는 데카르트 읽기가 성행했다. 그는 이렇게 아리스토텔레스를 보기 좋게 무너뜨렸다.

그가 원고를 꽁꽁 숨겨 놓았던 《세계》를 지금 읽으면 맥이 빠진다. 이것이 과연 그가 잔뜩 겁을 집어먹을 만큼 그렇게 위험한 책이었는지, 교회를 그렇게 긴장시킬 만한 것인지, 오늘의 잣대로 보면 어리둥절하다. 그러나 오늘의 잣대로 어제를 함부로 재단하지는 말자. 그리고 결과적으로 보면, 《세계》의 출판을 미루고 그 책에 나오는 위험한 상황을 희석하기 위해 진리에 이르는 방법으로서의 철학 원리를 가다듬어 나간 것이 더 좋은 결과를 낳았다.

자연의 원리를 더 발전시켜 나가지 않고 자연 연구의 기초가 되는 방법을 때로는 평이한 말로, 때로는 딱딱한 학술 용어로 체계화하면서 데카르트의 관심은 세계에서, 세계를 바라보는 나에 대한 인식으로 옮겨 갔다. 그 이전의 철학에서는 찾아볼 수 없던 생각이었다. 이 점에서 데카르트는 철학의 흐름을 바꿔 놓은 근대 철학의 아버지가 된다.

6 ·····

암스테르담 서쪽에 있는 베스테마르크트 거리 7번지에는 데카르트가 이 도시에 살았던 흔적이 남아 있다. 그는 1634년부터 4년간 이 집에서 살았다. 건물 벽에는 데카르트가 그의 친구인 소설가 발자크에게 보낸 편지의 한 구절이 인용되어 있다.

"어떤 나라에서 이토록 완벽한 자유를 맛볼 수 있을까?"

이 거리는 인파로 늘 북적거린다. 데카르트의 발자취를 찾아온 사람들인가? 아니다. 《안네의 일기》로 유명한 유대인 소녀 안네 프랑크의 집을 찾은 관광객들이다. 작가를 꿈꾸던 유대인 소녀 안네 프랑크가 살던 집이 베스테마르크트 거리가 꺾여 드는 곳에 바로 있다. 그녀가 2년간 숨어 살았던 이곳은 지금 안네 프랑크 박물관이 되었다.

열다섯 꽃다운 나이에 나치 독일에 의해 작가의 꿈이 꺾인 안네 프랑크. 그녀가 지금 살아 있다면 독일 프랑크푸르트학파의 철학자 하버마스와 동갑내기다. 안네의 가족은 독일 프랑크푸르트에서 이곳 암스테르담까지 왔지만, 끝내 나치의 유대인 사냥을 피하지는 못했다. 그러나 안네의 꿈은 사후에 이루어진 셈이다. 사춘기 소녀의 감수성이 엿보이는 《안네의 일기》는 성경 다음으로 많이 읽는 책이라는 베스트셀러 수식어가 붙었다. 안네 프랑크의 집을 찾는 관광객만 해도 연 100만 명이 넘는다. 그래서 요즈음에는 안네 프랑크 뒤에 '안네 프랑크 산업'이라는 꼬리가 붙어 있다. 네덜란드 암스테르담과 스위스 바젤에 각각 본부를 둔 안네 프랑크 재단의 이권 다툼도 잊을 만하면 들려오는 뉴스다.

암스테르담에서 유대인의 역사를 제대로 보고 싶다면 암스테르담 도심의 남동부에 위치한 요덴브레이 거리 쪽으로 방향을 잡아야 한다. 한때는 시나고그라고 불리는 유대인 교회 겸 지역 공동체가 있던 곳이다. 네덜란드가 사랑하는 철학자 스피노자가 태어났고, 유대인 공동체에서 추방되기 전까지 살던 곳이다. 지금 공식적인 유대인 거주 지역은 없어졌지만, 유대인 박물관과 포르투갈 시나고그라고 불리는 예배당, 그리고 제2차 세계대전 당시 유대인 사냥 본부로 사용되던 홀란드 쇼우부르크 등이 이 지역에 남아 있다.

스피노자는 여러 이름으로 불린다. 사전을 찾아보면 그는 바루흐 스피노자 또는 베네딕투스 스피노자라고 나온다. 바루흐는 그의 출생 기록부에 적힌 네덜란드어 이름이고, 베네딕투스는 그의 라틴어 이름이다. 또 포르투갈어 이름으로는 벤토 에스피노자. 스피노자는 포르투갈에서 네덜란드로 이민 온 포르투갈계 유대인이다.

〈명자 아키코 소냐〉라는 독특한 제목을 가진 1990년대 한국 영화를 떠올린다. 일제강점기에 태어난 한 조선 여인의 인생 유전을 그린 영화로 기억한다. 조선인 명자는 자신의 의지와는 상관없이 일본인 아키코가 되었다가, 일본이 패망한 뒤에는 다시 러시아인 소냐가 되었다. 일제강점기에 사할린 섬으로 끌려갔던 조선인들은 모두 영화 속의 주인공 명자처럼 세 개의 이름을 가진 다중 정체성으로 살았다. 경우는 좀 다르지만, 스피노자가 그랬다. 그는 네 개의 이름을 가지고 있다. 히브리어, 포르투갈어, 네덜란드어, 그리고 라틴어로 된 이름이다.

스피노자 가족이 네덜란드에 온 것은 가톨릭으로의 개종을 강요한 악명 높은 스페인 종교재판을 피하기 위해서였다. 스페인이나 포르투갈 등 이베리아

포르투갈 시나고그라고 불리는 유대인 교회 앞 거리. 길 건너편에는 유대인 박물관이 있다.

반도에 살던 남부 유럽에서 온 유대인을 세파르딕 계열의 유대인이라고 부른다. 그리고 독일이나 폴란드 등 중부 유럽에서 온 유대인들은 아쉬케나지 계열의 유대인이라 부른다. 세파르딕과 아쉬케나지는 같은 유대인이지만, 오랜 세월을 각각 다른 곳에서 살았기 때문에 살아가는 문화가 크게 달랐다. 심지어는 언어 소통도 제대로 되지 않았다고 한다. 암스테르담 유대인 박물관 측에서는 네덜란드 황금시대 후반기에 암스테르담에 살고 있던 유대인 수를 전체 시민의 약 11%로 잡고 있다.

물론 당시 암스테르담 시민의 대부분은 칼뱅 계열의 신교도들이다. 종교개혁의 역풍으로 불어닥친 로마 가톨릭교회의 압박을 피해 종교의 자유를 얻고자 찾아온 프로테스탄트들이다. 데카르트처럼 사상의 자유를 위해 몸을 피하고자 온 사람도 꽤 있었을 것이다. 시간상으로는 한참 뒤의 일이지만, 영국 경험론 철학의 아버지이며 영국 명예혁명의 배후 존 로크도 한때 암스테르담에서 망명 생활을 했다.

유대인들은 '시나고그'라고 불리는 유대인 교회를 중심으로 조직되어 있었다. 당시 시나고그는 유대인들의 교회인 동시에 학교이며, 또 그들의 생활을 하나로 묶어 주는 공동체이기도 했다. 렘브란트가 남긴 작품 중에는 〈시나고그의 유대인들〉이라는 제목의 에칭 동판화가 있다. 유대인들의 고단한 삶을 그대로 엿볼 수 있는 판화다. 옷차림으로 볼 때 그림 속의 유대인들은 아쉬케나지 유대인으로 추정된다. 아쉬케나지 계열과 세파르딕 계열은 따로 공동체를 구성하고 살았다. 부유한 세파르딕 계열의 유대인은 상공업에 종사했고, 아쉬케나지 계열의 유대인은 이 도시의 허드렛일을 맡았다고 한다.

스피노자의 생애는 단순하다. 유대인들이 으레 그러하듯이 율법 학교에서 교육을 받았고, 아버지 미구엘의 가업을 도왔다. 아버지의 반대를 무릅쓰고 유리알을 닦았다는 기록이 있는데, 그것이 당시 네덜란드에서 발달한 천체 관측용 망원경으로 쓰이는 광학 기술을 쌓았다는 것인지, 아니면 안경알을 닦았다는 것인지는 의견이 엇갈린다. 평생 조용한 삶을 살아온 그에게 사건이 있었다면, 그것은 그가 속한 유대인 교회, 곧 시나고그에서 이단으로 파문을 당했던 일이다. 유대인 교회는 단순히 예배를 보는 장소가 아니라 유대인들이 살아가는 생활 공동체다. 가족을 포함한 모든 공동체 사람과의 접촉이 금지되는 파문은 유대인에게는 사형 선고와 다름없는 무거운 징계다. 그는 암스테르담을 떠났다. 아니, 암스테르담에서 쫓겨났다. 그리고 유리알을 닦으며 생활비를 마련하면서, 경건한 자세로 철학을 했다.

1 유대인 밀집 구역에 위치한 극장이었던 홀란드 쇼우부르크는 제2차 세계대전 당시에는 나치 독일의 유대인 색출 본부로 사용되었다. 2 지금 홀란드 쇼우부르크에는 나치 독일에 희생당한 유대인들의 기록과 유물, 그리고 영상이 전시되어 있다. 입장료는 무료.

스피노자는 그에게 붙은 많은 이름만큼이나 다양한 평가를 받는 철학자다. 아마 가장 일반적인 해석은 그를 데카르트와 함께 이성을 중시하는 근대 합리주의 계열의 철학자로 보는 것이다. 서양 철학사에서는 근대 합리주의 철학으로 프랑스의 데카르트와 네덜란드의 스피노자, 그리고 독일의 라이프니츠를 함께 묶는 경우가 대부분이다.

이러한 잣대로 스피노자를 바라보면, 데카르트의 영향을 크게 받았지만 데카르트의 기계론적 이원론에 반대한 철학자. 그래서 자연은 데카르트가 주장했던 하나의 거대한 기계 같은 것이 아니라, 자연이 곧 신이라는 신비주의적인 주장을 한 철학자로 바라본다. 그리고 그런 주장을 '범신론'이라고 규정하고, 바로 이 때문에 유대교로부터 파문을 받은 사람. 그러나 평생을 검약하면서 경건하게 살아간 철학자로 자리매김한다.

스피노자에 대한 이런 평은 버트런드 러셀이 쓴 《서양 철학사》가 대표적이다. 러셀은 말하기를, 스피노자의 형이상학은 데카르트 철학을 변용했으며, 심리학은 영국의 사상가 토머스 홉스를 연상시키지만, 그의 윤리학만큼은 독창성이 인정되고, 따라서 읽을 만하다고 했다. 러셀은 덧붙여 말하기를, 데카르트와 스피노자의 관계는 고대 그리스 철학자 플라톤과 플로티노스의 관계와 비슷하다고 했다. 플라톤이야 새삼 소개가 필요 없는 고대 그리스 철학자고, 플로티노스는 플라톤 철학의 계승 발전을 주창한 신플라톤학파를 세운 사람이다. 데카르트와 스피노자의 관계가 플라톤과 플로티노스의 관계와 다르지 않다는 것은 스피노자가 '작은 데카르트'라는 뜻이다. 위대한 데카르트의 손이 미처 닿지 않은 철학 분야를 보완한 데카르트의 제자라는 뜻이다.

스피노자는 데카르트 철학에 정통했다. 그의 시대에는 스피노자라는 이름도 데카르트 철학의 전문가로 더 알려졌다. 그가 쓴 최초의 논문은 《데카르트 철학 원리》였다. 스피노자는 이 책을 특이하게도 기하학 책처럼 명제와 정의를 사용해서 썼다.

《데카르트 철학 원리》는 데카르트 철학을 보완한 책인가, 아니면 데카르트 철학을 반박한 책인가? 스피노자는 이 책 서문에서 어떤 점에서 그의 철학이 데카르트와 다른가 하는 점을 분명하게 밝히고 있다. 스피노자는 정신과 물질은 '실체'가 아니라고 주장했다. 물론 데카르트는 정신과 물질이 실체라고 주장했다. 누구의 주장이 더 설득력이 있는가를 살펴보기 위해서는 도대체 실체가 무엇인가를 먼저 따져 보아야 한다.

실체는 미묘한 개념이다. 그리고 아주 오래된 개념이다. 실체의 개념을 역사적으로 정리하면 하나의 철학사가 된다. 실체의 정체를 파고들면 과학이 된다. 근대 과학은 실체를 탐사하는 과정에서 비롯되었다고 할 수 있다. 또 실체의 기본 전제를 계속 따져 들어가면 형이상학이 된다. 근대 철학은 실체가 도대체 무엇인가를 묻는 데서 출발했다고 할 수 있다.

데카르트는 실체의 개념을 명료하게 정의했다. 그는 다른 것에 의지하지 않고 스스로의 원리에 따라 존재하고 작동하는 것을 실체라고 불렀다. 뒤집어서 말하면, 다른 것에 의지하는 것은 실체가 아니라는 뜻이다. 다른 것으로 대체될 수 있는 것도 역시 실체가 아니다. 도대체 이런 조건에 맞는 존재가 무엇일까? 데카르트는 신을 꼽았다. 신은 다른 어떤 것에 의지하지 않고, 다른 원리에 따라 움직이는 것이 아니다. 스스로의 원리에 따라 존재하고 작동한다.

데카르트는 이러한 조건을 갖춘 실체로 또 물질과 정신을 꼽았다. 물질의 '속성'은 '연장'이며, 정신의 속성은 '사유'다. 연장은 사유로 바꿀 수 없으며, 그 역 또한 같다. 따라서 물질과 정신은 각각의 원리에 따라 존재하고 작동하는 실체다.

정신과 물질이 각각의 원리에 따라 움직이는 독립된 실체라면 아리스토텔레스가 구축한 자연관은 오류다. 자연은 아리스토텔레스가 말하는 것처럼 '부동의 원동자'의 목적에 따라 움직이는 것이 아니다. 데카르트가 본 세계는 절대자의 목적에 따라 움직이는 목적론적 세계가 아니라 기계처럼 움직이는 세계다.

정신과 물질의 세계를 서로 차단시킨 데카르트 철학은 물질의 세계를 탐구하는 근대 과학이 교회의 영향력에서 벗어나는 데 큰 역할을 했다. 그러나 데카르트 철학은 이런 공헌과 함께 풀어야 할 커다란 숙제도 던져 주었다. 그것은 물질과 정신의 접점을 찾는 문제였다. 특히 인간은 기계처럼 움직이는 몸과 생각하는 마음을 함께 가진 존재다.

스피노자에게 있어 실체는 단 하나였다. 그것은 자연이었다. 스피노자 철학의 핵을 이루는 이 주장은 신의 문제가 철학의 중심 과제라고 여기던 그 당시에는 신이 모든 자연에 내재해 있다는 범신론으로 해석되었다. 또 때로는 신의 존재를 부정하는 무신론으로 해석되기도 했으며, 때로는 신은 단 하나뿐인 유일신을 지지하는 철학적 주장이라고 해석되기도 했다. 스피노자가 유대인 공동체에서 이단으로 추방되는 빌미가 되기도 했다. 또한 이 주장은 그가 신비주의자라고 평가되는 이유이기도 하다.

또 이 주장은 스피노자를 '완벽한 철학자'라고 높이 평가하는 대목이 되기도 한다. 아인슈타인은 자신이 믿는 것은 스피노자의 신이라고 말한 적이 있다. 현대 철학자 중에는 자신을 스피노자의 제자라고 말하는 이들이 유난히 많다. 현대의 많은 스피노자 제자들 중 대표적인 사람을 꼽아 보라면, 자신의 철학을 스피노자의 재해석이라고 말하는 프랑스의 질 들뢰즈와 스피노자로 돌아가자고 외치는 이탈리아의 안토니오 네그리를 들 수 있다.

스피노자는 또한 인간은 자유 의지를 가지고 있지 않다고 주장했다. 인간이 기계와 같다는 뜻은 아니다. 인간에게 자유가 소중하지 않다는 뜻도 아니다. 인간은 물질이 아닌 정신으로만 이루어진 실체가 아니라는 점을 강조한 것이다. 예를 들어 갈증을 느껴 물을 마실 때, 나는 내 자유 의지로 물을 마신다고 생각한다. 그러나 사실은 내 몸에 물이 부족해서 그렇게 느낄 뿐이다. 이 대목 역시 데카르트를 비판하기 위해서 나온 것이다.

스피노자가 데카르트 철학을 데카르트의 용어를 빌려서 비판한 것은 그가 데카르트 철학을 계승하기 위한 것이 아니라, 당시를 풍미하던 데카르트 철학을 효과적으로 격파하기 위한 '트로이의 목마'였다는 주장이다. 이런 시각에서 본다면 스피노자는 데카르트 철학의 계승자가 아니라, 데카르트 철학의 파괴자다. 데카르트가 전혀 새로운 틀로 아리스토텔레스를 무너뜨렸다면, 스피노자는 데카르트가 사용하는 칼로 데카르트에게 비수를 꽂은 셈이다.

1 스피노자는 유대인 교회에서 파문된 뒤 암스테르담을 떠나 레인스뷔르흐(레이덴 근처)에서 살았다. 스피노자가 살았던 이 집 앞의 거리는 지금 스피노자의 길이라고 불린다. 2 2008년 겨울, 필자가 이 집을 찾은 날은 공교롭게도 스피노자의 집 보존 사업 공사를 시작한 첫 날이었다. 3 스피노자가 1660년부터 1663년까지 이 집에서 살았다는 플라크가 붙어 있다.

8 ·····

그러면 스피노자는 합리주의자인가? 나는 그것이 어떤 의미에서 합리주의자인가 하는 점에 달려 있다고 생각한다. 모든 철학자는 합리적으로 철학을 한다고 생각한다. 근거 없이 제멋대로 철학을 하는 이는 없다. 모든 철학자는 가장 포괄적인 의미에서의 합리주의자다.

근대적 의미에서의 합리주의자는 인간 이성을 진리로 가는 최상의 도구라고 믿는 사람이라고 할 수 있다. 그 점에서 스피노자는 분명한 합리주의자다. 그는 인간의 이성을 능가하는 그 어떤 것이 있다고 보지 않았다. 그는 자연을 이해하는 데서나 또는 형이상학의 문제를 다루는 데서나 인간의 이성을 뛰어넘는 그 어떤 것도 인정하지 않았다.

그는 이 점에서 철저했다. 《성서》 해석, 특히 《구약》에 나타난 신비주의적인 의인화를 비판했다. 그는 인격을 가진 신이라는 개념을 거부했다. 이모저모를 저울질하고, 감출 것은 감추고 드러낼 것은 드러내기도 한 데카르트와 달리, 그는 한 치의 망설임도 없이 직격탄을 날렸다. 그는 《성서》를 다른 책과 똑같이 읽으라고 말했으며, 실제로 그렇게 했다. 그에게 이성을 가리는 믿음은 있을 수 없었다. 그래서 그의 철학을 범신론이라고 부르는 사람들도 그 말 앞에 '가장 일관된 주장을 펼치는'이라는 수식어를 붙여 준다. 논리의 일관성 또는 정합성의 잣대로 보면, 그의 철학은 데카르트를 능가한다. 그는 이 점에서 분명한 합리주의자다.

가장 좁은 의미에서의 합리주의자라는 표현은 데카르트주의자라는 말과 동격일 것이다. 곧 물질의 세계와 정신의 세계를 엄격하게 구분하는 것이다. 두 세계 사이에는 단절이 생겨났다. 물질의 세계를 다루는 자연과학과 정신의 세계를 다루는 인문과학의 칸막이가 생겨났다. 관찰하는 자와 관찰되는 현상 사이의 단절이 생겨나기도 했다. 이러한 이원론은 데카르트가 처음부터 의도한 것은 결코 아니었을 것이다. 그러나 아리스토텔레스를 무너뜨린 데카르트가 새로운 아리스토텔레스가 된 지금, 데카르트의 이원론을 극복한다는 것은 쉽지 않은 과제로 보인다. 이런 의미에서 스피노자는 데카르트적 합리주의자가 아니다. 그는 데카르트 합리주의의 내부로 들어가 그것을 없애기 위해 노력한 철학자다. 현대 철학이 그를 주목하는 것은 같은 과제를 안고 있기 때문이다.

1 지금은 스피노자 박물관으로 바뀐 스피노자의 집.　2 스피노자는
헤이그에서 그의 삶을 마감했다. 1671년부터 1677년까지 스피노자
가 여기에서 살았다는 플라크가 붙어 있다.　3 레인스뷔르흐(레이
덴 근처) 스피노자의 집 뒤뜰에 있는 스피노자 동상.

영 국 United kingdom

에든버러

리버풀 맨체스터

런던
캔터베리

6 하얀 백지에 인간 사회를 그리다 : : 에든버러

에든버러를 무대로 한 스코틀랜드 계몽주의는 데카르트에서 시작된 '이성의 기획'을 대치한
'경험의 기획'을 선보였다. 오늘의 세계는 정부보다 시장의 역할을 중시하는 경향이
오히려 더 강하다. 과거에는 정부에서 마땅히 해야 할 일로 생각했던 사회복지 분야를
시민 사회에 맡기거나, 또는 시민 사회와 함께해야 할 일로 생각한다. 그 사상의 원류를
거슬러 올라가면 우리는 스코틀랜드 계몽주의와 만나게 된다.

1 ·····

그들은 나라를 잃었다. 공식적으로는 두 국가의 합방이지만, 주권이 저쪽으로 넘어갔기 때문에 그들의 모국은 사라졌다. 언어도 빼앗겼다. 상대국 언어가 공용어가 되면서 그들이 사용하던 말은 없어졌다. 그들을 부르는 이름도, 그들이 부르던 이름도 새로운 말로 바꾸었다. 그리고 그 아픔이 잊혀질 만큼 시간이 한참 지났다.

우리나라 이야기가 아니다. 우리가 일본의 식민 지배를 계속 받는다는 가정에서 씌어진 복거일의 대체 역사소설 《비명을 찾아서》가 떠오르지만, 조국과 언어를 빼앗긴 채 300년 시간을 살아온 저들은 스코틀랜드인들을 가리킨다. 국가로서 스코틀랜드는 1707년 역사 무대에서 사라졌다. 스코틀랜드의 언어인 게일어는 지금 흔적만 남아 있다. 소설 《비명을 찾아서》에 나오는 주인공은 조선인의 정체성을 잃어버리고 일본인으로 살았다. 소설에서만 볼 수 있는 슬픈 이야기가 아니다. 나라와 말을 빼앗긴 민족은 대부분 그런 운명을 겪었다. 그런데 놀랍게도 국가의 주권과 언어를 잃어버린 스코틀랜드는 300년이라는 짧지 않은 시간을 거치면서도 잉글랜드에 동화되지 않았다. 꿋꿋하게 자신의 정체성을 지켜 갔다. 어떻게 그것이 가능했을까?

많은 이들이 스코틀랜드가 가진 강인한 생명력에서 그 답을 찾는다. 그리고 그 힘을 스코틀랜드의 자연 조건과 연결해서 설명한다. 섬나라 영국의 북쪽 산악 지대에 위치한 스코틀랜드는 좀 멋을 내서 말하면 태고의 신비가 살아 있는 아름다운 땅이고, 수식 없이 건조하게 말하면 사람이 살기 힘든 거칠고 황량한 땅이다. 바람은 모질고, 기후는 음습하다. 그 태고의 신비를 높이 사 그곳에서 마법의 세계를 영상화하고자 했던 〈해리 포터〉 영화 제작팀이 몇 장면 찍고는 짐을 꾸려 남쪽으로 철수했을 만큼 척박한 곳이다.

생존하기 힘든 거친 곳에서 자연과 싸우며 스코틀랜드인들의 강인하고 질긴 생명력이 탄생했고, 그것이 나라와 언어를 잃은 뒤에도 스스로를 지켜 나가는 힘이 되었다는 해석은 제법 그럴듯하다. 그러나 자연환경이 모든 것을 결정하지는 않는다. 악조건에 놓여 있다고 해서 생명력이 저절로 커지는 것

잉글랜드와 스코틀랜드 사이에 있는 '보더(국경)' 지역의 황무지.
이 험한 곳에 사는 주민들은 잉글랜드인도 아니고 스코틀랜드인도 아닌, 뿌리 뽑힌 삶을 사는 부랑인들이었다.

은 아니다. 좋은 자연조건을 가진 민족은 나약해진다는 그 역의 논리도 물론 성립하지 않는다.

주어진 환경에서 자신의 삶을 개척하는 것은 결국 인간의 몫이다. 어떤 점에서 스코틀랜드가 강인한 생명력을 가지고 있다는 평가는 사후 평가의 성격이 짙다. 스코틀랜드 민족이 강인한 생명력을 가지고 있기 때문에 잉글랜드에 동화되지 않은 것이 아니라, 그 역으로 300년간 잉글랜드에 동화되지 않았기 때문에 강인한 생명력을 가지고 있다는 평가를 받는 것이 아닐까?

스코틀랜드의 정체성도 그렇다. 스코틀랜드를 스코틀랜드답게 만드는 정체성은 박물관에 진열된 화석처럼 딱딱하게 굳은 것이 아니다. 어느 날 갑자기 하늘에서 뚝 떨어진 것도 아니다. 그것은 마치 살아 움직이는 생명체와 같다. 오랜 시간을 거치면서 형성되어 왔고, 또 앞으로도 계속 형성되어 갈 것이다. 스코틀랜드가 강인한 생명력을 가졌기 때문에 스코틀랜드의 정체성을 지켜 나갈 수 있었던 것이 아니라, 나라가 없어진 뒤에도 스코틀랜드의 정체성이 작동했기 때문에 생명력이 강인하다는 사후 평가가 내려진 것이라고 할 수 있다.

같은 내용이 사실상 되풀이되는 동어반복의 설명이 영 불만스럽다. '나라를 빼앗긴 스코틀랜드의 정체성이 어떻게 지금까지 지켜질 수 있었는가' 하는 궁금증을 풀기 위해서는 이러한 도돌이표 답안지를 읽기보다, 지금과 같은 스코틀랜드의 정체성이 형성되었던 결정적인 시기를 찾아서 그 실마리를 풀어 보는 편이 낫다. 나라를 잃은 스코틀랜드인들이 새로운 스코틀랜드의 정체성을 세우기 위해 고민하던 그때 그 공간으로 우리는 떠난다.

206

2 :::::

18세기 에든버러에서 우리는 뜻밖에도 거대 담론을 만난다. 새로운 정치 환경에서 스코틀랜드의 생존 전략을 담은 '작은 이야기'가 아니라, 새로운 시대 환경에서 사회의 발전 전략을 담은 '큰 이야기'를 듣는다. 그곳에서 우리가 만나는 이는 잃어버린 나라를 되찾겠다는 피가 끓는 애국자들이 아니다. 자유로운 정신을 지닌 사상가들이다.

그들 중에서 몇 명은 우리 귀에도 익은 이름이다. 데이비드 흄, 그는 영국 경험주의 철학의 거목이다. 어떤 이는 그를 영국 경험론을 완성한 사람으로 평가하고, 어떤 이는 그를 영국 경험론을 회의론으로 빠지게 만든 주범으로 지목한다. 애덤 스미스, 근대 경제학의 아버지로 불리는 경제학자다. 그가 쓴 《국부론》은 자본주의 경제를 이론적으로 뒷받침했다. 아담 퍼거슨, 그는 시민사회 이론을 개척한 사람이다. 그 시대의 다른 학자들이 정치 단위로서 국가를 주목할 때, 그는 시민사회에 관심을 기울였다. 제임스 허튼, 지질학의 아버지다. 그는 지구의 나이와 역사를 이야기한 《지구론》으로 기독교적 세계관을 또 한번 뒤집어 놓은 사람이다. 모두 해당 분야에서 일가를 이룬 이들이다.

그들은 우연히 같은 시대, 같은 공간을 살았다는 공통점만 가지고 있을까? 아니다. 그들은 친구 사이다. 그들은 1754년에 출범한 '성 자일 사회'의 멤버이기도 하다. 그 이름은 첫 회합을 한 거리의 이름을 따온 것이지만, 곧 '선발 사회'라는 이름으로 바뀌었다. 15명으로 출범했지만, 그 숫자는 점점 불어났다. 1년 뒤에는 83명으로 늘어났고, 18세기 끝 무렵에는 130명쯤 되었다고 한다.

명사들이 클럽을 만들어, 그곳을 중심으로 자주 모임을 갖고 담소하는 것은 지금도 성행하는 영국 문화의 한 특징이다. 선발 사회의 설립 취지는 그 정관에 간단히 나와 있다. 회원 사이에 철학과 토론을 활성화하기 위한다는 것이 그 취지다. 다른 클럽에서 흔히 볼 수 있는 설립 목적과 크게 다르지 않다. 선발 사회는 스코틀랜드인들이 만든 일종의 '에든버러 명사회'라고 할 수 있을 것이다.

그렇다면, 단지 사교와 친목을 위한 모임일 뿐이었을까? 그렇지는 않았을 것이다. 서로 지적 자극을 주고받았을 것이다. 그러면 전혀 관계가 없을 것처럼 보이는 데이비드 흄의 경험론, 애덤 스미스의 자본주의 경제론, 아담 퍼거슨의 시민사회론, 제임스 허튼의 지질학 등을 묶는 어떤 하나의 끈이 있었을까? 그리고 그것이 스코틀랜드의 정체성과도 관련을 가지고 있을까?

선발 사회를 중심으로 지적 교류를 주고받은 18세기 에든버러의 지식인 운동을 요즈음은 흔히 '스코틀랜드 계몽주의'라는 이름으로 부른다. 이 말은 윌리엄 로버트 스코트가 쓴 전기 《프랜시스 허치슨》에 처음 등장한다. 프랜시스 허치슨은 애덤 스미스의 스승으로, 애덤 스미스에게 글래스고대학 도덕철학 교수직을 넘겨준 철학자다. 지금은 흄이나 스미스에 비해 잘 알려진 인물은 아니지만, 18세기에는 오히려 그들을 능가하는 명성을 가지고 있었다. 허치슨이 18세기 스코틀랜드 계몽주의에서 차지하는 위치는 20세기 비엔나 학파를 창건한 모리츠 슐리크의 역할과 비교될 수 있을 것이다.

따라서 이번 에든버러 철학 여행은 두 개의 숨은 그림을 찾아 떠나는 여행인 셈이다. 하나는 스코틀랜드의 정체성이 지금도 유지되는 비밀을 찾는 것이고, 다른 하나는 스코틀랜드 지식인의 눈으로 본 그 시대의 정체성을 찾는 것이다.

에든버러 성에서 바라본 에든버러 뉴타운. 이 신도시는 스코틀랜드 계몽주의 시대에 건설되었다. 멀리 북해가 보인다.

3 ......

18세기 에든버러 지식인들이 새로운 시대의 틀을 짠 최초의 사람들은 물론 아니다. 우리는 새로운 시대의 틀을 제시한 사람들과 낡은 틀을 허문 사람들의 이야기를 이미 알고 있다. 갈릴레오가 과학 실험을 통해 신학적 세계관을 허물었다면, 데카르트는 그 이전과는 전혀 다른 새로운 틀로 근대적 세계관의 주춧돌을 놓은 사람이다. 다빈치가 인간의 눈에 비친 세계를 가장 신뢰했다면, 스피노자는 인간의 이성을 뛰어넘는 그 무엇도 인정하지 않았다. 그들은 새로운 시대의 주춧돌을 놓은 선구자들이라고 할 수 있다.

18세기에 접어들면 이러한 선구자들의 노력에 힘입어 새로운 시대의 원리를 역설하는 사상가들이 잇따라 등장한다. 그들은 기본적으로 주장을 설득력 있게 표현하고, 요령 있게 전달하는 능력이 뛰어난 문필가들이었다. 그들의 주장을 한마디로 압축해서 표현한다면, 그것은 바로 '계몽'이다. 계몽이라는 말은 빛을 밝혔다는 뜻이다. 빛이 어둠을 내쫓듯이, 계몽을 역설한 사상가들은 계몽의 빛은 미신과 주술 같은 어둠을 추방한다고 믿었다.

그들은 그 계몽의 빛을 교회와 왕정에도 들이댔다. 갈릴레오와 데카르트는 교회의 권위에 감히 맞서지 못했지만, 계몽의 사상가들은 힘이 빠진 교회의 권위를 비웃고 조롱했다. 데카르트는 신의 존재를 인정하는 논증을 폈지만, 계몽의 사상가들은 그렇게 하지 않았다. 어떤 이는 신이 없다는 무신론을 주장했고, 어떤 이는 신이 세상을 창조하기는 했지만 세상의 법칙과는 관계없다는 이신론을 주장하기도 했다.

계몽의 사상가들은 왕의 권위도 인정하지 않았다. 국왕의 권리는 하늘로부터 받은 것이라는 '왕권신수설'을 거부했다. 왕권신수설을 신봉하던 프랑스의 루이 14세는 "짐이 곧 국가다"라고 말했지만, 계몽의 사상가들에게 국가와 같은 정치 기구는 인민의 계약으로 성립한 사회계약의 조직체일 뿐이다. 하늘로부터 받은 것은 국왕의 권리가 아니라, 인간의 권리다. 모든 인간은 태어나면서부터 하늘로부터 넘겨받을 수 없는 권리를 가지고 있다고 생각했다. 이른바 '자연권' 사상이라고 불리는 이 주장은 왕정을 무너뜨리고 근대 민주주의를 제도화하는 이론적 배경이 되었다.

계몽의 사상가들은 계몽은 이성에서 온다고 생각했다. 이성은 어둠을 계몽으로 바꾸는 힘의 원천이었다. 이성의 빛이 세계에 비추면 혼돈은 사라지고, 세계의 모든 비밀은 풀릴 것이라고 믿었다. 자연과학이 이루어 낸 성과는 바로 그 점을 웅변하는 대표적인 본보기라고 생각했다. 이성은 인류의 진보를 약속하는 진리의 빛이며, 인류의 행복을 약속하는 희망의 빛이었다. 세계를 혼돈과 어둠에서 해방시켜 진리와 진보, 그리고 행복으로 인도하는 길은 이성의 빛으로 세계를 구석구석 비추는 것이다. 우리가 1부에서 '계몽의 기획'이라고 부른 바로 그 사상이다.

계몽의 사상가들의 이러한 주장을 묶어 통칭하는 이름이 '계몽주의'다. 그리고 그런 주장을 한 이들을 한데 묶어서 '계몽사상가'라고 부른다. 18세기는 계몽의 시대요, 이성의 시대였다. 그것은 18세기를 부르는 다른 이름들이었다.

4 ·····

이러한 계몽사상가들의 원조는 프랑스인이라고 할 수 있다. 입법·사법·행정의 3권 분립 이론을 세운 몽테스키외, 통렬한 풍자로 유명한 볼테르, 프랑스 대혁명에 큰 영향을 끼친 장 자크 루소, 새로운 지식을 집대성한 《백과전서》를 출간해 백과전서파로 불리는 디드로와 달랑베르 등이 대표적이다.

그들은 프랑스에서 살았지만 프랑스인이라기보다는 세계인임을 자임했다. 디드로의 표현을 빌리면, '세계라는 위대한 도시의 시민'이라는 정체성을 가지고 살았다. 그들에게 모국이란 단순히 출생지 증명서와 같은 종잇장에 불과한 것이었다.

18세기 프랑스 계몽사상가들을 '필로소프'라고 부른다. 이 말은 프랑스어로 정확하게 철학자를 말한다. 그러나 프랑스를 떠난 곳에서는 18세기 프랑스의 계몽사상가라는 뜻으로 한정되어 사용된다. 우리나라에서는 계몽사상가로 번역되어 불리지만, 일반적으로 다른 나라에서는 마땅한 번역을 찾지 못한 때문인지 그냥 프랑스어로 표기된 대로 필로소프라고 부른다. 프랑스에서는 왜 그들을 철학자라는 일반 용어로 부르는지, 그리고 다른 곳에서는 왜 그들을 계몽사상가라는 특별한 뜻을 담아 부르는지 좀 알쏭달쏭하다. 나는 그 이유가 데카르트와 관련이 있을 것이라고 짐작한다. 18세기 프랑스 계몽사상가들 또는 18세기 프랑스 철학자들은 데카르트 철학으로부터 깊은 영향을 받은 사람들이다. 이 점에 관한 한, 프랑스에서나 프랑스가 아닌 곳에서나 대부분 동의한다.

그들은 어떤 점에서 데카르트의 아류들이다. 상품에 비유해서 표현하면, 그들은 데카르트 철학의 '짝퉁'들이다. 그러나 데카르트 자신보다도 더 효과적으로 데카르트 철학의 요체를 전파하는 데 성공했다. 대단한 포장술이다. 가끔 나는 생각한다. 하나의 발명이 나온 것과 그 발명을 상품화하는 것이 다른 종류의 일인 것처럼, 새로운 철학을 세우는 것과 그 철학을 대중화하는 것은 별개의 사안인 것 같다. 그들을 철학자라고 부르지 않고 굳이 계몽사상가라고 칭하는 것은 어떤 점에서 소크라테스를 제외한 고대 그리스 철학자들을 '소피스트'라고 부르는 것과 비슷하다. 현자를 뜻하는 그리스 말 소피스트를 현대 용어로 옮기면 철학자가 될 것이다. 그러나 소피스트라는 말에는 소크라테스 시대의 궤변론자라는 부정적인 어감이 들어가 있다.

물론 계몽사상가라는 말은 소피스트같이 부정적인 의미로 굳어진 말이 아니다. 마르크시즘 계열의 철학으로부터 부르주아지 중심의 계몽이라는 비판을 받고 있고, 포스트모더니즘 계열의 철학으로부터는 근대의 신화를 만들었다는 비판을 받고 있지만, 계몽사상가라는 말에는 폭정과 종교의 권위에 저항해 민주주의를 제도화하고, 과학의 정신을 드높였다는 긍정적인 의미가 더 강하다.

어쩌면 새로운 생각의 틀을 만드는 것과 그 새로운 틀을 가다듬는 것을 놓고 우열을 가리는 것 자체가 어리석은 일인지도 모른다. 때로는 문학비평가가 시를 직접 쓴 시인보다 그 시를 더 잘 이해하는 경우가 있다. 때로는 현장 기술자가 기계를 직접 제작한 사람보다 기계의 원리를 더 잘 이해하는 경우도 있다. 탁월한 연구를 내놓은 당사자보다 그 연구 내용을 더 잘 가르치는 교수도 많다. 비평가가 시인보다 열등하지 않듯이, 현장 기술자가 기계 제작자보다 못한 사람이 아니듯이, 다른 이의 학설을 가르치는 교수가 그 이론을 세운 학자보다 지적으로 떨어지는 사람이 아니듯이, 하나의 생각의 틀을 만드는 것과 그 생각을 널리 알리는 것을 두고 우열을 가림은 온당한 일이 아닐 것이다.

아마도 데카르트와 계몽사상가의 관계는 진화론을 세운 다윈과 그 이론을 높이 평가하고 스스로 '다윈의 불도그'가 된 헉슬리에 비교하는 것이 가장 가까운 예일지도 모른다. 다윈은 진화론을 인간에 적용하지 않았다. 그러나 다윈의 숨은 뜻을 읽은 헉슬리는 네안데르탈인의 화석 연구를 통해 인간은 창조된 것이 아니라 진화된 것이라는 가장 뜨거운 감자를 삼켰다. 그는 다윈의 불도그였다.

18세기 프랑스 계몽사상가들은 마치 헉슬리가 그랬던 것처럼 데카르트가 하고 싶었던 말을 가장 효과적으로, 설득력 있게 전파했다. 이러한 프랑스 계몽사상가들을 '데카르트의 불도그'라고 부르면 큰 실례일까?《철학자》라는 책을 남긴 익명의 저자는 철학자 또는 계몽사상가의 첫 조건으로 일관된 세계관을 갖는 것이라고 설파했다. 계몽사상가들은 그랬다. 그들은 이성의 빛으로 세계를 해석하고, 한 걸음 더 나아가 세계를 그 빛이 비치는 계몽의 땅으로 만들 기획을 세웠다. 그들이 꿈꾼 계몽의 기획은 데카르트 합리주의에 바탕을 둔 이성의 기획이었다.

5 ·····

그렇다면 에든버러 지식인들은 무엇으로 새로운 틀을 짰을까? 그들은 프랑스 계몽사상가들처럼 과학이 지식의 최고 지위에 있다고 여겼고, 역사와 사회의 진보를 믿었다. 인간과 사회의 계몽을 설계했다는 점에서 그들은 프랑스 계몽사상가들과 전혀 다르지 않았다. 그러나 에든버러에서 기획된 계몽의 주역은 이성이 아니었다. 그 주역은 경험이었다.

어떻게 인간의 경험이 새로운 시대의 빛을 밝히는 계몽의 주역이 될 수 있단 말인가. 경험이야말로 지난 시대의 산물 아닌가. 또 어떻게 새로운 학문인 과학이 경험과 결합할 수 있다는 말인가. 경험을 차곡차곡 쌓아 놓은 지식은 과거의 학문이 아닌가.

우리는 경험이 이성을 대신해 계몽의 주역이 될 수 있는 근본 이유를 따져 봐야 할 것이다. 그 근본 이유를 따지는 철학적 원리를 '경험론 철학'이라고 한다. 그리고 경험론 철학의 원리에 의해 과학과 경험을 결혼시킨 것을 '경험 과학'이라고 부를 수 있다. 경험론 철학의 원리와 경험 과학의 눈으로 세계를 해석하고, 그렇게 바라본 세계를 널리 전하면서 세계를 변화시키고자 한 것을 우리는 경험주의에 기초한 '계몽의 기획'이라고 부를 수 있을 것이다.

우리가 18세기 에든버러를 찾은 것은 바로 그 세 박자를 모두 갖춘 곳이기 때문이다. 그리고 이러한 경험주의에 기초한 계몽의 기획이 합리주의에 기초한 계몽의 기획과 더불어, 때로는 경쟁하고 때로는 손을 잡으면서 근대 사상을 형성해 왔기 때문이다.

먼저 경험론 철학부터 살펴보기로 하자. 경험론 철학은 우리가 알고 있는 모든 지식은 경험에서 비롯되었다는 주장이다. 그런데 경험론 철학이 과연 세계의 틀을 바꾸는 프로젝트의 기본 원리가 될 수 있을까? 철학사를 접해 본 적이 있는 독자는 경험론을 이야기할 때 근대 영국 경험론의 세 인물을 즉각 떠올릴 것이다. 잉글랜드의 존 로크, 아일랜드의 버클리 주교, 그리고 스코틀랜드의 데이비드 흄이 그들이다.

로크는 흔히 영국 경험론의 아버지라고 불린다. 경험주의 철학이 그에게서 시작되었다는 뜻이다. 그래서 로크의 주장은 데카르트에서 시작된 합리주의 철학과 자주 비교된다. 로크가 데카르트와 갈라져 나오는 분기점은 인간에게는 타고난 '본유 관념'이 없다는 주장을 하면서부터다.

데카르트가 말하는 본유 관념은 그가 신의 존재를 증명하는 대목에서 나온다. 그가 철학의 제1원리라고 부른 '생각하는 나'는 신의 존재를 증명하기 위해 내 안에 있는 세 종류의 관념을 분석한다. 내 마음 바깥에 있는 사물에서 온 '외래 관념', 내 마음 스스로의 의지에 따라 생겨난 '인위 관념', 끝으로 이러한 외래 관념이나 인위 관념이 아니라 오로지 '생각하는 나'에서 비롯된 '본유 관념'이 그것이다. 데카르트는 이러한 본유 관념으로 생각하는 나, 수학의 원리, 도덕의 원리, 그리고 신의 관념 등을 꼽았다.

로크는 이 대목에서 이의를 제기했다. 그리고 여기에서 철학으로서의 경험론이 출발한다.

로크는 인간은 그러한 본유 관념을 가지고 태어나지 않는다고 주장했다. 우리 마음은 그냥 텅 비어 있다고 했다. 로크는 그것을 '하얀 백지'에 비유한다. 그 하얀 백지에는 본유 관념이 없다. 단지 그것을 채워 나가는 것은 인간의 경험이다. 로크는 말한다. "내가 만나는 사람들 가운데 열에 아홉은 그들이 착하거나 사악하거나 또는 능력이 있거나 없거나, 그것은 교육으로 채워진 것이라고 말할 수 있다."

데카르트는 이성을 올바로 인도하는 '정신 지도의 규칙'에 관심을 가졌다. 그러나 로크는 하얀 백지에 기록된 '관념들의 연상 규칙'에 관심을 가졌다. 그에 따르면 인간의 지식은 모두 외적 감각과 내적 반성이라는 경험에서 비롯된 것이다. 아무리 복잡해 보이는 지식도 사실은 단순 관념에서 비롯된 복합 관념에 지나지 않는다. 데카르트가 실체라고 부른 것도 따지고 보면 내적 성찰에서 나온 복합 관념에 지나지 않는다.

로크는 이렇게 생겨난 관념들을 서로 결합시키거나 분리하는 일이 철학의 임무라고 생각했다. 모든 관념은 대상에 의한 객관적인 성질과 반성에 따르는 주관적인 성질을 갖는다고 그의 이론을 확장시켰다. 로크는 전자를 1차 성질, 후자를 2차 성질이라고 불렀다.

너무 빠르게 지나가는가? 좀 미안한 말이지만, 나는 로크가 분류하는 단순 관념과 복합 관념의 구분, 1차 성질과 2차 성질의 분류 등에 흥미를 별로 느끼지 못한다. 그러면 왜 그것을 말하는가? 로크 철학의 논리적 허점을 지적한 버클리를 소개하기 위해서다. 버클리는 바로 그 점 때문에 철학사에 이름을 남긴 사람이다. 버클리가 로크를 비판한 대목은 크게 두 가지다. 첫째는 철학의 원리를 백지에 기록된 관념에서 출발했으면서도 외부 대상에서 오는 1차 성질, 곧 객관적인 성질을 인정함으로써 논리적 일관성을 잃었다는 것이고, 둘째는 실체를 복합 관념으로 환원함으로써 실체를 인정하지 않다가 뒤로 가면 슬그머니 정신과 물질을 실체로 인정하는 예외를 두었다는 것이다.

이 논쟁에 관한 한, 버클리가 이기고 로크는 졌다. 그것은 두 말할 여지가 없다. 그러면 논쟁에서 이긴 버클리는 로크가 데카르트에게 이의를 제기하고 새롭게 철학의 제1원리로 경험을 내세운 것처럼 새로운 철학 원리를 세웠는가? 아니다. 버클리는 로크처럼 모든 지식은 경험, 더 정확하게 말하면 관념에서 시작한다는 원리는 그대로 두고, 로크 철학의 난점인 1차 성질을 제거했다. 로크가 말하는 1차 성질은 사실 데카르트가 말하는 물질이나 다름없다. 그 결과는? 모든 지식이 경험에서 시작된다는 상식적인 주장이 모든 존재하는 것은 지각_{경험}에 불과하다는 결론이 되고 말았다. 그것이 버클리가 주장하는 명제 '존재하는 것은 지각하는 것이다'가 도출된 과정이다.

논리를 좋아하는 사람이라면, 버클리의 주장을 논리적으로 격파해 보기를 바란다. 쉽지 않다. 아니 논리적으로는 격파할 수 없다. 존재하는 모든 것이 내 지각에 불과하다는 명제는 내부 논리로는 결코 무너지지 않는다. 모든 것이 내 지각에 불과하다는 명제가 무너지는 것은 나의 바깥 세계에 또 다른 지각자가 있다는 것을 상정할 때뿐이다. 그러나 그것은 이미 버클리의 명제와 어긋난다. 아마 이 명제를 가장 행복하게 결말짓는 것은 모든 지각, 그리고 모든 존재를 전지전능한 신의 지각으로 환원하는 것일 게다. 버클리는 정확하게 이 방법을 택했다. 영국 성공회 주교이기도 한 버클리는 신앙심이 깊은 사람이다. 그는 자신의 명제를 신의 존재를 증명하는 원리로 삼았다.

로크는 서릿발처럼 날카로운 논리를 자랑하는 철학자가 아니라, 균형과 상식을 존중한 철학자다. 그 때문인지 그는 정치 철학과 교육학 분야에서도 큰 영향력을 발휘했다. 역사에 남긴 영향력의 크기로 철학자의 비중을 잰다면, 로크보다 더 큰 무게를 가진 이도 별로 많지 않다. 로크의 정치 철학은 영국 명예혁명과 미국 독립혁명의 이론적 토대가 되었으며, 그가 주창한 정치적 자유주의는 오늘의 세계에서도 위력을 발휘하고 있다. 그래서 그는 서양 철학사 전체를 통해 가장 위대한 철학자 중 한 명으로 꼽힌다. 특히 영미 철학 쪽에서 그런 경향이 짙다. 심지어는 로크의 논리적인 허점마저도 위험한 결론이 나오면 그것을 포기하는 균형을 갖춘 덕목으로 미화하기도 한다. 버트런드 러셀은《서양 철학사》에서 로크가 규정한 1차 성질에 관한 논의가 논리적인 허점을 가지고 있다고 지적하면서도, 그것마저 결과적으로 큰 공헌을 남겼다고 평가하고 있다.

나는 로크가 위대한 사상가라는 말에 동의한다. 그의 건전한 상식과 깊은 통찰력을 사랑한다. 그가 제대로 발전시키지 못한 철학적 리얼리즘을 언젠가 되살려 보겠다는 희망도 가지고 있다. 그러나 그가 정초한 철학 체계만으로 판을 새로 짜기는 약하다고 느낀다. 데카르트가 정초한 합리주의 철학에 대적하기에는 논리적인 허점이 너무 뚫려 있다. 그 논리적 허점을 메우기 위해서는 데이비드 흄을 불러와야 한다.

6 •••••

데이비드 흄은 존 로크가 세운 경험주의 철학을 회의론이라는 막다른 골목으로 몰고 간 영국 경험론의 마지막 철학자로 일컬어지는 경우가 많다. 이런 평가 뒤에는 흄의 회의론이 얼마나 철저했는지, 합리주의 철학에 빠져 있던 독일의 철학자 임마누엘 칸트가 "나는 흄을 읽고 '독단의 잠'에서 깨어났다"고 고백할 만큼 논리적인 일관성을 지니고 있었다는 평가가 후렴구처럼 따라붙기도 한다.

흄이 재평가된 것은 20세기 들어와서의 일이다. 요즈음에는 흄을 회의주의자로 평가하기보다는 자연과학주의자로 자리매김하는 경우도 많다. 자연과학주의란 자연을 연구하는 방법과 인간과 사회를 연구하는 방법이 근본적으로 다르지 않다는 뜻이다. 곧 인간을 연구하는 데 있어, 또 사회를 연구하는 데 있어서도 자연과학적 방법론을 사용해야 한다는 주장이다.

그가 이런 극단의 평가를 받는다는 점이 이상하지 않은가? 그는 해가 내일도 동쪽에서 떠오른다는 것을 믿지 못하는 회의의 철학자다. 과학 설명의 핵을 이루는 원인과 결과의 논리, 곧 '인과론'을 단지 우리가 그것을 여러 차례 반복해서 경험했기 때문에 마치 인과 관계가 있는 것처럼 여길 뿐이라며, 그것을 습관의 문제로 환원한 인물이다. 자연현상에서도 인과 관계를 인정하지 않은 뼛속 깊이 회의론에 물든 철학자가 동시에 인간 사회를 연구하는 데도 과학적 방법론을 사용해야 한다고 역설한 자연과학주의자라고?

놀랍지만 사실이다. 그는 회의론자면서 동시에 자연과학주의자다. 둘 중에

에든버러 로열 마일에 있는 데이비드 흄 조각상.
그는 근대 경험주의 철학의 완성자인 동시에 스코틀랜드 계몽주의의 설계자이기도 하다.

하나를 굳이 고르라고 한다면, 나는 자연과학주의자를 택한다. 그래야 사실상 흄이 주도한 스코틀랜드 계몽주의의 성격이 껍질을 벗는다. 경험론 철학이 어떻게 과학과 행복하게 결혼을 하고 있는지 그 실마리가 잡힌다. 자본주의가 태어나기 전에 마치 자본주의 원리를 예감하듯 써 놓은 애덤 스미스의 《국부론》을 더 잘 이해할 수 있다. 더 나아가서 우리가 지금 살고 있는 사회를 규정하는 두 개의 정체성, 곧 자유민주주의와 자본주의 경제가 어떻게 형성되었는지 그 단서를 찾을 수 있다.

어떤 면에서 흄의 회의론은 데카르트의 '방법론적 회의'와 비슷하다. 데카르트는 철학의 제1원리를 찾아내기 위한 방편으로 그것을 사용했다. 데카르트는 자신의 존재를 포함한 모든 것을 의심해 봤다고 했다. 그 회의의 심연에 떨어져서 움켜잡은 것이 생각하는 나였다. 그러나 일단 그 생각하는 나를 움켜잡자, 데카르트 철학은 모든 것이 술술 풀렸다. 반면, 흄은 데카르트처럼 '방법론적'이라는 이름을 붙이지 않았다. 그는 깊은 회의의 바다 밑바닥으로 떨어지면서도 아무것도 움켜잡지 않았다. 해가 내일도 어김없이 동쪽에서 떠오를 것이라는 그 뻔한 예측마저 거부했다. 흄은 데카르트보다 더 지독했다.

흄은 회의의 바다에 빠져 익사했는가? 그와 함께 경험주의 철학도 깊은 바다 밑바닥으로 침몰했는가? 아마도 데카르트의 제자들은 그렇게 생각할 것이다. 그리고 칸트의 제자들은 그렇게 빠진 흄을 칸트가 건져 냈다고 생각할 것이다. 흄의 철학에는 그런 회의론적 성격이 분명히 있다. 흄은 로크와는 달리 건전한 상식을 위해 논리의 일관성을 포기하지 않았다.

흄은 인간의 모든 지식은 경험에서 비롯되었다는 경험주의의 원칙을 끝까지 지켰다. 로크처럼 슬금슬금 데카르트 철학을 끌어들이지 않았다. 흄은 인간의 마음이 백지와 같다는 로크의 성찰을 수용했다. 인간은 태어날 때부터 자연을 이해할 수 있는 본유 관념 같은 것을 가지고 있지 않다는 로크의 가르침을 그대로 받았다. 그는 로크와 비슷하게 경험을 '인상'과 '관념'으로 나누었다. 흄에 따르면, 인상과 관념 중에서는 인상이 더 근원적이다. 감각을 통해 마음에 기록된 인상은 구체적이고 생생하며, 분명한 것이다. 반면에 관념은 마음이 만든 인상의 사본이다. 그래서 추상적이고 관념적이며, 희미한 것이다. 예를 들어 우리가 뜨거운 물체를 만졌을 때, 우리는 뜨겁다는 인상을 먼저 가지고 난 뒤에 뜨거움이라는 관념을 만드는 것이다. 데카르트가 주장한 본유 관념이라는 것도 사실은 인간이 태어날 때부터 가지고 태어난 것이 아니라, 경험을 통해서 형성된 것이라고 흄은 생각했다. 이 점에 관한 한, 흄은 로크의 충실한 제자였다.

로크는 인간의 마음에 기록된 경험을 뛰어넘는 지식은 없다고 선언했지만, 그 자신이 경험주의 원칙을 무시하는 발언을 많이 했다. 인간의 마음에 기록된 관념 중에는 인간의 마음 밖에 있는 자연의 고유 성질 중에서 온 1차 성질이 있다고 했고, 인간의 마음 밖에 존재하는 자연이 규칙에 따라 움직이는 것을 당연하게 생각했다. 인간의 마음속에는 태어날 때부터 가지고 있는 본유 관념이 없다고 주장했지만, 인간에게는 자연을 이해하는 능력이 있다는 점도 당연하게 여겼다. 더 나아가 자연 세계에 규칙이 있을 뿐만 아니라, 인간 세계에도 자연 세계와 같은 법이 있다고 주장했다. 그것은 관습이나 제도로 정한 것이 아니라 모든 인간 사회에 보편적인 것으로, 자연으로부터 부여받은 권리라고 했다. 이른바 '자연법 사상'이다. 로크 철학에는 이렇게 서로 배타적인 요소들이 자연스럽게 자리 잡고 있다. 어떤 이에게는 그것이 로크 철학을 매력 있게 만든 힘이겠지만, 어떤 이에게는 로크 철학이 지닌 치명적인 한계가 되기도 한다.

버클리는 물질에서 비롯된 1차 성질이 마음에서 비롯된 2차 성질로 환원될 수 있다는 논증으로 로크가 가진 논리적인 취약성을 해소하는 데 성공했지만, 그와 동시에 로크 철학이 가진 풍부한 내용을 신학의 논리로 만들었다. 그래서 버클리의 경험론을 경험주의 철학의 발전이라고 보기에는 곤란함이 있다.

흄의 철학에는 로크 철학에 남아 있는 데카르트의 유산이 없다. 실체라는 용어가 등장하지 않고, 이성을 예찬하지 않는다. 흄에게 있어 실체는 경험을 거치지 않은 사변 철학, 곧 근거 없는 형이상학의 찌꺼기일 따름이다. 그에게 이성이란 감성의 노예일 뿐이다. 그는 자연의 규칙도 철저하게 경험의 규칙으로 옮긴다. 왜? 우리가 알 수 있는 것은 인간의 마음에 기록된 관념과 그 관념 사이의 관계뿐이기 때문이다.

그래서 흄은 데카르트는 물론이고 로크도 당연하게 받아들인 물질세계의 인과 관계마저 경험 세계의 인과 관계로 환원한다. 흄에게 인과론이란 공간적으로 가까이 있고, 시간적으로 연속된 두 사건이 반복적으로 일어날 때, 선행하는 사건을 원인이라 부르고 뒤에 오는 사건을 결과라고 부르는 것에 불과하다. 그것은 습관과 같은 것이다. 그것을 마치 이성의 빛에 의해 밝혀진 자연의 본질인 것처럼 이야기하는 것은 허영이라고 흄은 생각했다. 원인과 결과가 과거에 반복적으로 나타났다고 해서 그것이 앞으로도 계속 그러할 것이라는 보장은 없다. 그것은 계속 지켜봐야 할 일이다. 해가 어제도 오늘도, 1년 전에도 10년 전에도 동쪽에서 떴다고 해서 내일도 동쪽에서 떠오른다는 보장은 없다. 그것은 내일 우리 눈으로 지켜봐야 할 일이다.

어떻게 생각하는가? 흄의 주장이 설득력이 있는가? 상식에 어긋나는 과격한 주장이지만, 인간의 모든 지식은 경험에서 비롯된 것이라는 원리에서 벗어나 있지는 않다. 처음 시작과 마지막 주장이 시종일관 인간의 경험을 그 핵심으로 삼고 있다. 데카르트에서 시작된 합리주의 철학에서 '이성'이 차지하는 바로 그 위치를 흄의 철학에서는 정확하게 '경험'이 차지하고 있다. 나는 이성의 철학자 데카르트와 맞설 수 있는 경험의 철학자는 로크가 아니라 흄이라고 생각한다. 흄은 로크가 창시한 경험주의 철학을 회의의 심연에 빠뜨려 익사시킨 철학자가 아니라, 사실상 경험주의 철학의 뼈대를 세운 인물로 보아야 한다.

하나의 사상이 논리적인 정합성이 있다고 해서 곧 위대한 사상으로 인정받는 것은 아니다. 회의론을 사람들이 달가워하지 않는 이유는 그 자체의 논리적인 정합성은 가지고 있을지 모르지만, 세계를 바라보는 우리 인식의 지평을 크게 넓혀 주지는 못하기 때문이다. 앞서 우리는 흄의 철학이 회의주의의 얼굴과 자연과학주의의 얼굴을 가지고 있다고 했다. 이제 우리는 어떤 점에서 그의 철학이 자연과학주의라고 불릴 수 있는지 알아보아야 할 차례다.

자연과학주의란 학문 방법에 관한 주장이다. 곧 인간과 사회를 연구하는 인문과학과 사회과학의 방법이 자연을 연구하는 자연과학의 방법과 그 근본 성격이 같다는 것이다. 흄이 내세운 '인간의 과학'은 그것을 단적으로 나타낸다. 그것은 곧 자연과학이 인간을 연구하는 데 하나의 모델이 된다는 뜻이다. 이게 무슨 말인가? 그리고 그것이 데카르트의 주장과 무슨 차이가 있는가?

그 차이를 알기 위해서는 데카르트가 기술한 자연 철학과 아이작 뉴턴이 정초한 자연 철학을 비교하면 그 실마리를 찾을 수 있다. 흄은 뉴턴의 방법으로 인간의 과학을 정초하겠다고 밝혔기 때문이다. 뉴턴과 데카르트가 각각 접근한 자연 철학의 방법론에는 큰 차이가 있는가? 그렇다. 그리고 그 핵심은 실험 관찰이 있는가 없는가 하는 것이다.

데카르트가 주장한 자연 철학은 와동 우주론이다. 그것은 에테르라고 부르는 작은 입자가 보트처럼 떠 있어 태양과 혹성에 거대한 소용돌이를 일으키며 지구 주위로 운반된다는 이론이다. 이 와동 우주론은 지동설에 바탕을 두고 있기 때문에 겁이 난 데카르트가 생전에 출판을 하지 않았을 정도로 당시에는 큰 반향을 일으켰지만, 오늘날에는 아무도 관심을 갖지 않는 과학사의 한 이론일 뿐이다. 오늘날 과학사가들의 관심은 정작 다른 데 있다. 왜 데카르트가 이 이론을 세우면서 혹성 운동에 관한 케플러의 세 법칙에서 제시된 사실과 일치하는지를 관찰하지 않았는지 고개를 갸우뚱거리곤 한다.

반면에 뉴턴은 그 접근법이 달랐다. 그는 실험 관찰을 통하지 않는 사변적인 연구를 인정하지 않았다. 오늘날의 명성을 만들게 한 만유인력의 법칙에 관한 대목에서도 그는 중력의 원인을 밝힐 만한 현상을 발견하지 못했다고 솔직하게 말했다. 그가 말한 "나는 가설을 만들지 않는다"는 선언은 그 해석을 두고 아직까지 의견이 분분하지만, '현상으로부터 추론한 게 아닌 것은 모두 가설'이라고 한 말은 그가 실험 관찰을 얼마나 중시했는지를 웅변한다.

어떤 점에서 데카르트가 주장한 와동 우주론과 뉴턴이 주장한 만유인력이 작용하는 우주론은 하나의 이론 체계다. 그리고 어떤 점에서는 두 이론 모두 하나의 가설이다. 뉴턴의 만유인력은 과학사에서 가장 위대한 발견 중 하나로 꼽히지만, 그것이 언제 어디서나 그 어떤 조건에서도 통하는 일반 이론은 아니다. 뉴턴 자신도 그 점을 명확하게 밝혔으며, 만유인력의 법칙은 아인슈타인의 상대성이론에 의해 그러한 점이 일부 드러났다. 그러면 왜 뉴턴의 만유인력의 법칙은 아직도 유효한 이론으로 받아들여지는가? 왜 우리가 뉴턴의 역학의 법칙을 과학 시간에 배우는가? 그 차이는 바로 데카르트의 와동 우주론은 실험 관찰을 통하지 않은 하나의 사변 체계지만, 뉴턴의 만유인력의 법칙은 실험 관찰을 통해 케플러의 혹성 운동에 관한 규칙을 포괄하고 있을 뿐만 아니라, 행성의 운동을 설명하는 데 하나의 부족함도 없기 때문이다.

데카르트 우주론과 뉴턴 우주론의 차이는 바로 연역법과 귀납법의 차이라고 할 수도 있다. 연역법은 전제가 되는 가설을 참이라고 인정하고 논증을 시작하는 방법이다. 반면에 귀납법은 개별적 사실에서 출발해 참된 진리를 찾아가는 방식이다. 따라서 귀납법의 세계에서는 처음부터 자명한 진리는 없다. 어떤 주장이 참이라는 것을 내세우기 위해서는 그것을 증명해야 한다. 데카르트가 제1원리로 삼은 '나는 생각한다. 고로 존재한다'는 연역법의 논리다. 그것은 경험을 통해서 확인된 것이 아니다. 실험 관찰을 통해서 증명된 것이 아니다. 데카르트는 인간의 지각을 통한 경험을 신뢰하지 않았다. 인간의 눈은 사실을 그대로 드러내는 것이 아니라 왜곡시켜 드러내는 경우도 많다. 데카르트는 인간의 지각이 아니라 인간의 이성을 신뢰했고, 그것을 통해 연역의 철학 체계를 세웠다. 아마 데카르트는 그가 세운 우주론을 군이 검증할 필요를 느끼지 못했는지도 모른다.

흄이 과학에서 자연을 관찰하듯이 인간의 과학은 인간을 관찰해야 한다는 주장은 데카르트처럼 자연을 추론하지 말고, 뉴턴처럼 자연을 관찰하듯 하라는 이야기다. 흄은 인과 관계를 믿지 않았다. 그러나 정확하게 말하면 데카르트가 생각한 것과 같은 기계론적인 세계에 적용되는 추상적 인과 관계를 믿지 않은 것이지, 뉴턴이 생각하는 현상 사이에 존재하는 원인과 관계의 연결 고리를 무너뜨린 것은 아니다. 과거에 해가 동쪽에서 떠올랐다고 해서 내일도 그런 인과 관계가 계속될 것이라는 보장은 없다는 주장은 그것을 가장 선명하게 드러내기 위한 전략이었을 것이다. 흄의 회의주의는 회의를 위한 회의가 아니다. 그것은 전략적 회의였을 것이다. 마치 데카르트가 방법론적 회의를 자신의 철학 원리를 더 강하게 드러내기 위한 전략적 방법으로 선택했듯이.

8 ·····

흄은 경험에서 얻은 것을 기록하지 않은 모든 책을 불살라 버리라고 했다. 대단히 과격한 주장이다. 마치 진시황의 분서갱유처럼 섬뜩한 느낌마저 준다. 하나의 예외를 두기는 했다. 수의 세계를 다룬 것은 인정했다. 수의 세계는 경험의 세계를 다룬 것은 아니다. 그러나 그것은 참과 거짓이 분명하다. 수학의 세계는 항상 참인 항진의 세계다. 따라서 그것은 경험의 폭을 넓히지는 못한다. 흄에게 중요한 것은 경험이다. 경험의 세계는 수학과는 달리 축적될수록 세계에 대한 이해의 폭이 커지는 세계다. 경험과 수를 다루지 않는 모든 지식은 형이상학이다. 그것은 인간의 지식을 넓히지 못하는 기만의 책이다. 흄의 주장은 과격하지만, 그 속에 담긴 메시지는 아주 선명하다. 이성을 믿지 말고 경험을 신뢰하라는 것이다. 그에게 계몽은 이성의 기획이 아니라, 경험의 기획이다. 이성의 기획은 불살라 버리라는 선동적인 주장인 셈이다.

그는 데카르트 철학을 형이상학이라고 규정했음에 틀림없다. 데카르트 철학은 경험의 세계를 담고 있지 않기 때문이다. 실험과 관찰 대신에 추론으로 씌어진 형이상학이기 때문이다.

그렇다면 그는 데카르트 책을 불태워 버렸을까? 아닐 것이다. 그는 과격한 주장과는 달리 온화하고 조정을 잘하며 참을성도 무척 많은 사람이라고 알려져 있다. 흄은 자기가 미리 써 놓은 부고 기사에서 그렇게 자신을 소개했다. 그는 묘비명도 자기가 미리 써 놓은 괴짜였다. 지금 그는 에든버러의 한복판, 로열 마일에서 자신의 이름을 딴 거리에 잠들어 있다. 에든버러 성 아래 있는 로열 마일이 시작되는 곳에는 그의 동상이 있다. 아무리 뜯어봐도 그는 선동자나 꾀 많은 재사의 모습은 아니다.

그가 영면하고 있는 곳에서 멀지 않은 곳에 애덤 스미스의 묘소가 있다. 스미스와 흄은 나이 차이가 좀 나기는 하지만, 절친한 친구 사이다. 지금은 이론의 여지없이 경제학이라는 새로운 학문을 개척한 경제학자로 분류되지만, 당시에는 도덕철학자로 통했다. 글래스고대학의 도덕철학과 학과장으로 재직했으며, 첫 명성을 얻은 것도 《도덕감정론》이라는 저서를 통해서였다. 애덤 스미스의 묘비명도 《도덕감정론》과 《국부론》의 저자로 그를 기리고 있다.

도덕철학은 옳고 그름, 선과 악, 그리고 인간의 존엄성과 사회 정의 등을 다루는 철학의 한 분야지만, 당시 스코틀랜드에서는 인간의 본성을 다루는 하나의 과학으로 보는 경향이 강했다. 그것은 흄의 주요 저서 《인간 본성에 관한 연구A Treatise of Human Nature》의 제목에서도 그대로 나타난다. 문자 그대로 풀어 보면, 그것은 인간 속에 드러난 '자연'을 관찰하는 연구가 된다. 그것은 '인간의 과학'이라는 뜻과도 크게 다르지 않다.

데이비드 흄과 애덤 스미스, 그리고 애덤 스미스의 스승이면서 데이비드 흄에게도 큰 영향을 끼친 프랜시스 허치슨 등은 도덕 감정을 경험적으로 분석했다. 여기서 도덕 감정이란 도덕심 또는 양심처럼 인간이 가지고 있는 선한 감정을 가리키는 것이 아니다. 우리는 지금 공자와 맹자를 논하는 것이 아니라, 스코틀랜드의 도덕철학자를 이야기하고 있다. 그들에게 도덕 감정은 단지 인간이 가지고 있는 감정이라고 보는 편이 나을 것이다. 프랜시스 허치슨은 그것을 수식으로 표현했을 만큼, 경험적 관찰 대상으로 바라보고자 했다.

허치슨, 흄, 그리고 스미스는 약간의 의견 차이가 있기는 하지만, 인간의 도

자본주의 시장경제학의 효시로 불리는 애덤 스미스가 살았던 에든버러의 집.
에든버러 시의 재산으로 잡힌 이 집은 이 일대의 재개발 계획에 따라 2008년 4월에 매물로 나와 있다.

덕 감정을 이타적인 것으로 보기보다는 이기적인 것으로 보았다는 공통점이 있다. 개인의 이익을 추구하는 경제 행위가 사회 전체로는 공공 이익을 만들어 낸다는 시장경제의 원리도 이러한 도덕철학과 무관하지 않다. 애덤 스미스의 《도덕감정론》의 서두는 이렇게 시작된다.

"인간이 아무리 이기적이라고 하더라도, 인간의 본성에는 타인의 운명에 관심을 갖게 하는 몇 가지 원리가 존재한다."

스미스는 인간의 본성을 기본적으로 이기적이라고 보았다는 이야기다. 그 점에 대해서 스미스는 한 치의 의심도 하지 않았다. 오히려 그의 관심은 인간의 본성 속에 공공의 이익 또는 공공선으로 나아가게 만드는 그 어떤 본성이 있는가를 탐색한다. 스미스가 발견한 것은 사람 사이의 감정을 나눌 수 있는 공감이었다. 이러한 인간 본성의 한 속성은 '노동 분업'을 가능하게 한 기초가 된다. 시장경제를 살고 있는 오늘의 세계에서 이윤 추구와 개인의 이기심은 당연한 것으로 받아들여지고 있다. 경제학의 첫걸음은 바로 이 점을 인정하는 데서 출발한다. 잘 알려져 있듯이 스미스는 핀을 만드는 공장에서 노동 분업이 얼마나 생산적인가를 관찰했다. 너무 유명한 에피소드기 때문에 우리는 마치 뉴턴이 혹성의 움직임을 통해 자연의 본성을 관찰했듯이, 스미스가 인간의 움직임을 통해 인간의 본성을 관찰하고 있었다는 사실을 놓치곤 한다.

한 가지 더 놓치지 말아야 할 사실이 있다. 스미스와 스코틀랜드 계몽사상가들은 인간의 이기심이 자동적으로 공공의 이익으로 이어진다고 믿었던 것은 아니라는 점이다. 애덤 스미스가 이야기한 사회발전단계론, 곧 수렵 사회, 목축 사회, 농경 사회, 상업 사회 등으로 나눈 발전 단계는 단지 학문의 세계에서 거론되던 귀납적 경험 연구의 산물이 아니었다. 그것은 구체적으로 밝힌 사회

발전 프로그램이었다. 좁게 해석하면 스코틀랜드가 처한 현실에서 스코틀랜드가 나아가야 할 방향을 제시하는 발전 프로그램이었고, 더 넓게 보면 데카르트에서 시작된 프랑스 계몽사상가들이 제시한 '이성의 기획'을 대치하는 '경험의 기획'이라고 할 수도 있을 것이다.

지금도 그렇지만 당시 스코틀랜드는 척박한 곳이었다. 고산 지대에서는 원시 공동체 부락이 농경 사회 이전의 삶을 꾸려 가고 있었고, 평범한 이륜마차를 보기 위해 구경꾼이 벌 떼처럼 몰려들던 빈곤의 땅이었다. 한편으로는 무너진 왕정을 복귀하겠다는 왕당파들이 순진한 고산 지대 주민들을 이용해 왕정 복고를 음모하고 있었다. 한마디로 나라가 없어진 뒤 정치는 뒤숭숭했고, 경제 살림살이는 형편없었다.

다른 곳과는 달리 스코틀랜드 계몽주의에서 정치적 민주제도로서의 국가론이 발달하지 않고 시장경제론이 태어난 것은 당시 스코틀랜드의 역사적 조건과 결코 무관하지 않았다. 그것은 애덤 스미스와 동년배인 아담 퍼거슨이 정부론보다 시민사회론에 관심을 기울였다는 점에서도 다시 확인된다.

스코틀랜드 계몽주의자들이 기획한 경험주의에 바탕을 둔 계몽의 기획은 성공했는가? 지구 차원에서는 큰 성과를 거두었다고 할 수 있다. 오늘의 세계는 정부보다 시장의 역할을 중시하는 경향이 강하다. 과거에는 정부에서 마땅히 해야 할 일로 생각했던 사회복지 분야를 시민 사회에 맡기거나 또는 시민 사회와 함께해야 할 일로 생각하는 흐름이 강해지고 있다. 이런 경향이 전적으로 스코틀랜드 계몽주의 사상의 힘이라고 하기에는 무리가 따르겠지만, 적어도 그 원류를 찾아보면 어김없이 스코틀랜드 계몽주의와 만나게 된다.

9 •••••

18세기 계몽주의 시대에 세워진 신시가지에서 에든버러 옛 시가지로 올라가는 마운드 언덕에 지금은 헐린 조선총독부 청사와 꼭 닮은 돔 건물이 있다. 스코틀랜드 은행 건물이다. 이 건물 앞을 지날 때마다 나는 일제강점기를 떠올리곤 했다. 구한말 애국계몽사상가인 전《독립신문》사장 윤치호는 일제강점기 말기에 조선의 살 길은 '일본 안의 스코틀랜드'가 되는 것이라면서 일제에 협조했다. 한때 우리가 부른 애국가는 스코틀랜드의 '올드 랭 사인' 곡조를 빌려 왔다. 애국가 작사가로 알려지는 윤치호는 자신을 '올드 랭 사인'을 쓴 스코틀랜드 국민 시인 로버트 번스와 동일시했는지도 모른다. 안타까운 일이다.

스코틀랜드 계몽사상가들은 적어도 스코틀랜드의 정체성을 잉글랜드와의 일체감에서 찾지는 않았다. 오히려 그들은 당시 유럽에서 가장 뒤떨어진 사회라고 할 수 있는 스코틀랜드의 이미지를 만들어 내는 데 성공했다. 스코틀랜드 최북단 고산 지대의 우스꽝스러운 전통 의상 킬트는 체크무늬의 현대적 디자인으로, 그들이 불던 전통 악기 백파이프는 슬픈 스코틀랜드의 역사를 알리는 선율로 살아났다. 글렌계곡에서 흘러내린 물로 빚어진 위스키는 '생명의 물'로 상품화되었다.

잉글랜드와 스코틀랜드 사이에 가로놓인 국경 지대에 사는 부랑자들도 소설가 월터 스콧의 손끝에서 생명력 강한 스코틀랜드인으로 재탄생했다. 그들은 스코틀랜드 계몽 시대 이전까지는 아무도 살지 않는 땅 또는 그 누구의 소유도 아닌 땅이라는 뜻을 가진 '분쟁 지역'에서 잉글랜드 사람도 아니고 스코틀랜드 사람도 아닌, 문자 그대로 부랑자로 살던 사람들이었다.

따지고 보면 스코틀랜드는 단일 민족이 아니고, 단일 언어를 쓰고 있지도 않았다. 켈트족이 다수를 차지하고는 있지만, 온몸에 색을 칠했던 픽트족, 스칸디나비아 반도에서 건너온 바이킹들의 후예, 그리고 잉글랜드에서 피해 온 앵글로색슨족 등 민족 구성도 다양했고, 그들을 한데 묶을 만한 문화 정체성도 가지고 있지 못했다. 지금 우리가 스코틀랜드를 말할 때 떠올리는 모든 이미지는 사실상 18세기 스코틀랜드 계몽주의 시대에 창조된 것이라고 해도 지나친 말은 아닐 것이다.

암반 위에 깎아지른 듯 세워진 에든버러 성을 바라본다. 나는 이 성이 스코틀랜드 정체성 만들기의 걸작이라고 생각한다. 해질 무렵 프린세스 거리에 서서 불 켜진 에든버러 성을 바라보면, 마치 이 도시가 하나의 예술 행위를 하는 것처럼 보인다. 에든버러는 확실히 아름답다. 그리고 세련되었다. 8월이면 이 성을 중심으로 세계 최대 규모의 공연 예술 축제 '에든버러 페스티벌'이 열린다.

그러나 축제의 열기를 걷어 내고, 또 불빛의 마법을 제거하면 이 도시의 문화 아이콘인 이 성은 '야만'의 코드로 읽어야 한다. 이 성은 궁이 아니라 요새 같다고 한다. 나는 감옥으로 읽는다. 이곳에서 가장 효과적으로, 그리고 튼튼하게 세워진 곳은 왕이 거처하는 공간이 아니라 던전dungeon(지하 감옥)이다. 에든버러가 스코틀랜드 왕국의 수도가 된 것은 이 성이 세워진 11세기 이후의 일이다. 그 전에는? 왕이 있는 곳이 스코틀랜드 왕국의 수도였다고 한 스코틀랜드 역사책은 기록하고 있다. 한마디로 수도도 없고, 사실상의 왕도 없는 야만의 땅이었다는 말이다.

셰익스피어의 희곡 《맥베스》에 나오는 주인공 맥베스와 덩컨 왕은 그 야만

1 언덕 위에 요새로 세워진 에든버러 성.　2 에든버러 성은 해마다 8월에 열리는 에든버러 축제의 중심축이다.

의 끝자락에 있는 스코틀랜드 국왕들이다. 셰익스피어는 그 희곡에서 스코틀랜드의 야만성을 유감없이 드러낸다. 물론 잉글랜드인 셰익스피어의 과장이 너무 심하다. 그러나 이곳이 사람이 살기 좋은 곳이었다면, 스코틀랜드 땅에 사는 약 500만 명의 몇 배가 되는 스코틀랜드인들이 이곳을 떠났을 리가 없다.

전 세계에 흩어져 사는 스코틀랜드인의 숫자는 어떤 자료에는 2000만 명, 어떤 자료에는 4000만 명으로 나온다. 너무 차이가 난다고? 두 자료 모두 스코틀랜드 공식 기관에서 내놓은 숫자다. 그러니 스코틀랜드인은 스코틀랜드 땅에서 사는 이보다 스코틀랜드 땅 밖에서 사는 이가 몇 배나 더 많다고 구름 잡듯이 이야기하는 편이 낫다. 스코틀랜드 독립 운동의 영웅 윌리엄 월레스의 이야기를 담은 영화 〈브레이브 하트〉가 만들어진 이후, 스코틀랜드의 후예라고 밝힌 사람들이 크게 늘었다고 한다.

이렇게 보면 에든버러는 스코틀랜드인들이 살고 있는 수도라고 말하기보다는 전 세계에 살고 있는 수천만 스코틀랜드인들이 자신의 정체성을 확인하는 쇼윈도라고 말해야 맞을지도 모른다.

철학 여행을 더 하고 싶은
이들을 위하여

1. **비엔나**, 또는 논리실증주의

비엔나 학파의 철학을 읽기에 가장 좋은 글은 1929년에 발표한 이 학파의 창립 선언문이다. 이 선언문은 간단한 웹 서치로도 독일어 및 영어로 된 공개 자료를 쉽게 구할 수 있다. 그러나 유감스럽게도 우리말 번역본은 아직 보지 못했다. 좀 더 체계적으로 비엔나 학파의 철학을 이해하고 싶은 이들에게는 오토 노이라트의 부인 마리아 노이라트와 R. S. 코헨이 공동 편집한 《경험주의와 사회학Empiricism and Sociology》을 추천한다. 이 책을 구하기 힘들다면, 대안으로 A. J. 에이어가 쓴 《논리실증주의Logical Positivism》를 권한다. 이는 비엔나 학파의 철학을 영어권 세계에 소개해 대중화시킨 책이다.

비엔나 학파는 과학자 아인슈타인과 철학자 비트겐슈타인을 그들이 학문적 이상으로 상정한 과학적 세계관의 두 거목으로 높이 평가했다. 철학 여행에 더 관심이 있는 독자에게는 비트겐슈타인이 쓴 《논리−철학 논고Tractatus Logico-Philosophicus》를 읽을 것을 권한다. 이 책은 청년 비트겐슈타인과 비엔나 학파가 철학의 거짓 문제를 해결했다고 생각했던 책이다. 비엔나 학파의 핵심 멤버들과 비트겐슈타인은 이 책을 한 줄 한 줄 읽으면서 강독하기도 했다. 그러나 비엔나 학파는 그들이 선언한 과학적 세계관과 《논리−철학 논고》의 논지가 일치한다고 생각한 반면, 비트겐슈타인은 비엔나 학파가 자신의 책을 잘못 이해했다고 여긴 것 같다. 비트겐슈타인이 쓴 《논리−철학 논고》를 비엔나 학파의 과학적 세계관과 양립할 수 있는지, 염두에 두면서 읽어 보기를 바란다. 또 과학 또는 과학철학에 더 관심이 있는 독자라면 아인슈타인의 과학관이 과연 비엔나 학파의 과학적 세계관과 동일 선상에 서 있는지 추적해 보기를 권한다. 아인슈타인이 쓴 에세이 중에서 굳이 딱 한 편을 고른다면, 1936년 프랭클린 연구소에 기고한 〈물리학과 실재〉를 추천하고 싶다.

한편 비엔나의 문화 분위기에 관심이 있다면 문화비평가 칼 쇼르스케가 쓴 《세기말 비엔나Fin-de-Siecle》를 추천한다. 이 책은 양차 세계대전 사이가 아닌 19세기 말을 시대

배경으로 하고 있지만, 비엔나의 문화 지형을 다룬 책 가운데 단연 압권이다. 한국어 번역본도 있다.

2. 파리, 또는 포스트모더니즘 철학

1968년 운동을 운동사가 아닌 지성사의 흐름에서 근대와 탈근대의 갈등 축으로 해석한 책 가운데 프랑스 사회학자 알랭 투레인의 《근대의 비판Critique of Modernity》과 독일 사회학자 피터 바그너의 《근대의 사회학Sociology of Modernity》을 권한다. 근대 프로젝트와 이에 대한 비판 또는 반성을 개괄적으로 조망한 책으로는 영국의 오픈 유니버시티에서 펴낸 근대 사회를 이해하기 위한 네 권의 사회학 입문 시리즈 중에 《근대의 형성The Formations of Modernity》과 《근대와 그 미래의 모습들Modernity and its Futures》이 읽을 만하다.

근대 세계관의 위험성을 경고한 책에는 여러 흐름이 있지만, 그 어느 편도 일반인이 접근하기에는 녹록해 보이지 않는다. 그래서 자신이 흥미를 갖는 분야로 관심을 좁혀, 현대 철학의 고전적 지위에 이른 것으로 평가되는 책을 읽기를 권하고 싶다. 그 편이 어설프게 쓴 해설서를 보는 것보다 훨씬 낫다고 생각한다. 과학에 관심이 있는 이들에게는 미국의 과학철학자 쿤(Thomas Kuhn)이 쓴 《과학혁명의 구조The Structure of Scientific Revolution》, 사회사에 흥미를 가진 독자에게는 독일 철학자 아도르노와 호르크하이머가 함께 쓴 《계몽의 변증법》을 추천한다. 영국의 사학자 E. H. 카가 쓴 《역사란 무엇인가 What Is History?》도 근대적 역사관에 물음표를 던진 책이라고 할 수 있다.

철학적 배경이 있는 독자라면 프랑스 철학자 료타르(Jean-Francois Lyotard)가 쓴 《포스트모던의 조건》, 프랑스 철학자 푸코의 《지식의 고고학》, 독일 철학자 하버마스의 《탈형이상학적 사고》 등이 좋아 보인다. 료타르와 푸코의 책이 근대를 고발하는 데 방점이 찍혀 있다면, 하버마스의 책은 근대를 변호하는 경향이 더 강하다. 그러나 근대냐 탈근대냐를 나누는 도식적인 분류에 너무 사로잡히지 말고, 왜 어떤 이들은 근대적 세계관을 고발하고 어떤 이들은 근대적 세계관을 옹호하는지, 큰 흐름을 추적해 보기를 당부하고 싶다. 이와 관련, 비트겐슈타인의 후기 저작 《철학 논구》를 권하고 싶다. 앞에서 언급한 현대 철학의 고전들은 모두 한글 번역본도 나와 있다.

3. **실재의 귀환**, 또는 리얼리즘

리얼리즘 철학이 무엇인가 관심이 있는 독자에게는 미국 철학자 설(John Searle)의 《사회적 실재의 구성The Construction of Social Reality》과 영국 철학자 로이 바스카(Roy Bhaskar)가 쓴 《과학에 대한 리얼리즘 이론A Realist Theory of Science》을 권하고 싶다. 한글 번역본으로는 설의 《정신, 언어, 사회》와 바스카의 《비판적 실재론과 해방의 사회과학》이 나와 있다.

하나의 철학적 입장은 그 반대편에 선 철학과의 논쟁을 통해 그 성격이 더 뚜렷하게 드러나기도 한다. 그 점에서 리얼리즘에 반대하는 미국의 철학자 로티(Richard Rorty), 그리고 리얼리즘을 변용한 미국의 철학자 퍼트남(Hilary Putnam)의 책을 함께 읽는 것도 좋다. 그 중에서 굳이 한 권만 꼽으라고 한다면 로티의 《철학과 자연의 거울Philosophy and the Mirror of Nature》, 퍼트남의 《인간의 얼굴을 한 리얼리즘Realism with a Human Face》이 좋아 보인다.

4. **피렌체**, 또는 르네상스 철학

철학의 역사를 복기할 때, 때로는 현재의 학문 분류법으로서의 철학에서 벗어나 한 시대의 생각의 틀이라는 시각에서 철학을 탄력적으로 바라볼 때가 유익한 경우가 있다. 이러한 접근법은 우리가 살고 있는 시대와 먼 곳을 여행할 때 더 유용하다. 르네상스 시대의 철학이 그렇다. 르네상스 시기는 예술이 생각의 틀을 새롭게 만들어 가는 선도적인 역할을 했던 시기다. 이 점에서 오스트리아 출신의 20세기 미술사가 곰브리치의 《미술사The Story of Art》는 미술 이야기로 생각의 역사를 쉽고 간명하게 정리한 책이다. 르네상스 시대의 생각의 틀을 보다 자세하게 들여다보기를 원한다면 예술사라는 학문을 개척한 19세기 독일 역사학자 부르크하르트의 《이탈리아의 르네상스 문화》를 읽어 보기를 권한다.

그리스 철학에 흥미를 가진 독자라면 중세의 끝자락에서 근세로 넘어가는 르네상스 시기, 특히 피렌체를 중심으로 전개된 르네상스 운동이 아리스토텔레스 철학에 대한 플라톤 철학의 반격이라는 관점에서 재해석해 볼 것을 제안한다. 그래야 왜 근대의 시작이 아리스토텔레스 철학의 두들겨 패기에서 시작되었는지 큰 그림이 잡힌다.

5. **암스테르담**, 또는 근대 합리주의 철학

데카르트의《방법 서설》은 생각의 역사에서 빼놓을 수 없는 기념비적인 저작이다. 필독을 권한다. 데카르트 철학을 좀 더 자세하게 살펴보기를 원한다면《성찰》이 좋다.

스피노자 읽기는 까다롭다. 마치 유클리드 기하학의 공리처럼 일련번호를 매겨 가면서 그의 주장을 하나씩 논증해 가기 때문이다. 이런 식 글쓰기를 한 현대 철학자로는 비트겐슈타인이 있다. 앞에서 거론한 비트겐슈타인의《논리-철학 논고Tractatus Logico-Philosophicus》는 스피노자의《신학-정치학 논고Tractatus Theologico-Politicus》의 제목을 흉내 낸 것이다. 물론 비트겐슈타인의 책도 스피노자의 책처럼 일련번호가 매겨져 있다.

나는 아무리 뛰어난 2차 주석서도 거친 1차 원전을 읽는 것보다 못하다는 입장이다. 그러나 단 하나의 예외를 둔다. 2차 주석서가 1차 원전을 단순하게 해설하는 것이 아니라, 1차 저작을 자신의 철학으로 완전하게 녹여서 새롭게 해석하는 경우다. 이때 2차 주석서는 1차 원전의 지위로 올라선다. 아주 특이한 경우지만 제자 플라톤이 스승 소크라테스의 입을 빌려 펼친 철학이 그렇다. 스피노자 철학에도 뛰어난 주석서가 많다. 쇼펜하우어가 주석한 스피노자가 그렇고, 니체가 주석한 스피노자가 그렇다. 도대체 어디부터 어디까지가 스피노자의 철학이고, 어디부터 어디까지가 쇼펜하우어의 철학인지 애매한 경우도 많다. 현대에도 스피노자 철학을 통해 자신의 철학을 이야기한 철학자가 많다. 프랑스의 철학자 들뢰즈가 대표적이다.

스피노자 같은 철학자의 경우는 그의 대표작인《윤리학》을 끙끙거리면서 읽는 것도 좋지만, 그의 철학을 주석한 뛰어난 그 이후의 철학을 통해 스피노자를 재조명하는 것도 가치 있는 일이다. 주석을 계속 달아도 또 다른 주석이 가능한 철학이 사실 그다지 흔치는 않다.

6. 에든버러, 또는 근대 경험주의 철학

일반적으로 철학사에서는 경험주의 철학의 삼총사로 로크와 버클리, 흄을 꼽는다. 생각의 역사를 좀 탄력적으로 다루는 이 책에서 나는 경험주의 삼총사로 흄과 함께 물리학자 뉴턴, 경제학자 스미스를 꼽고 싶다. 흄과 뉴턴, 그리고 스미스에 따르면 모든 이론은 가설이다. 모든 학문이란 경험 또는 실험의 축적물에 다름 아니다. 학문은 경험을 체계적으로 정리한 한시적 생명력을 가지고 있는 이론 체계일 따름이다.

흄의 철학을 읽기 위해서는 그가 쓴 《인성론A Treatise of Human Nature》과 《인간 이해에 관한 한 연구An Inquiry concerning Human Understanding》를 읽어 보기를 권한다. 후자는 《인간오성론》이라는 딱딱한 말로 흔히 번역되었다. 아마 일본어 중역을 통해서 들어온 말이 굳어졌기 때문으로 보인다. 흄은 칸트처럼 이성과 오성을 구분하지 않았다.

뉴턴의 저서는 일반적으로 프린키피아(원리) 또는 프린키피아 마티마티카(수학의 원리)라는 이름으로 통용되는 세 권으로 이루어진 과학 역사의 기념비적인 저작 《자연철학의 수학적 원리Philosophi Naturalis Principia Mathematica》가 대표적이다. 이런 종류의 저작을 처음부터 끝까지 통독할 필요는 없다. 필요한 대목만 골라 읽으면 충분하다.

스미스의 저서는 경제학의 효시로 유명한 《국부론An Inquiry into the Nature and Causes of the Wealth of Nations》을 첫손에 꼽아야겠지만, 국부론이 어떻게 나왔으며 또 오늘의 시점에서 국부론을 어떻게 새롭게 해석할 것인가를 고민하는 경제학도라면 《도덕감정론The Theory of Moral Sentiments》을 읽기를 권한다.

7. 쾨니히스베르크, 또는 근대 철학이 완성된 칸트 철학

철학도라면 칸트의 3대 비판서, 곧 《순수 이성 비판》과 《실천 이성 비판》, 그리고 《판단력비판》을 피할 수 없다. 무조건 부딪쳐야 한다. 힘들다면 《순수 이성 비판》의 자습서에 해당하는 《프롤레고메나》와 함께해야 한다. 그러나 근대적 세계관에 관심이 있는 독자에게는 그의 짧은 논문 〈계몽이란 무엇인가〉를 권한다.

8. 베를린, 또는 근대에서 탈근대를 예비한 헤겔 철학

헤겔 철학에 접근하는 가장 좋은 방법은 헤겔이 베를린대학에서 강의한 역사 철학 강연을 모아 사후에 출판한 《역사 철학 강요》를 읽는 것이라고 생각한다. 이 책은 헤겔이 쓴 일종의 철학사라고 보아도 큰 잘못을 범하는 것은 아니다. 사변적이고 관념적인 헤겔 철학에 왜 그토록 많은 이들이 매력을 느끼는가를 알 수 있을 만큼 재미도 있고 내용도 풍부하다. 체계적인 글 읽기에 강한 독자라면 《법철학》과 《대논리학》에 도전하고, 관념론의 정수를 맛보기를 원하는 독자라면 《정신현상학》을 펼치면 된다.

그러나 철학사의 큰 흐름을 잡기 위한 독자라면 반드시 헤겔 철학의 원전을 읽을 필요는 없다고 생각한다. 헤겔의 철학을 자신의 철학으로 재해석한 뛰어난 주석자들이 많기 때문이다. 이 점에 국한해서 말한다면, 나는 헤겔 철학 읽기는 스피노자 철학 읽기와 비슷한 방식, 곧 후세 철학의 눈을 통해서 헤겔을 읽는 것도 매우 유용한 방법이라고 생각한다. 아마 그 가운데 가장 뛰어난 주석 중의 하나는 마르크스식 헤겔 읽기일 것이다.

9. 런던, 또는 자본주의 한복판에서 근대 기획서를 새롭게 쓴 마르크스 철학

마르크스는 위험한 철학자인가? 마르크스는 위험하지만 우리가 결코 부정할 수 없는 진실을 콕콕 짚어 준 무오류 철학자인가? 세계사적으로는 냉전 시대가 지나갔지만, 그 흔적이 아직도 남아 있는 한반도에 살고 있는 우리에게 마르크스는 지금도 신화거나 또는 타기의 대상이다. 이 책에서 바라보는 마르크스는 너나 나와 다를 바가 없는 인간 마르크스다. 그는 세계사적으로 가장 강력한 제국 중의 하나였던 빅토리아 시대의 영국 런던에서 새로운 근대 설계도를 작성했다.

그 점에서 마르크스의 '공산당 선언'은 혁명적인 광고 문안쯤으로 보면 된다. 마르크스의 《자본론》은 아주 복잡한 사회의 설계도로 보면 좋다. 《자본론》은 난해한 책이다. 그래서 쉽게 쓴 《자본론》 해설서가 수도 없이 많다. 그러나 그 대부분은 노동가치설에 잉여 노동가치설이 부가된 경제학 해설서다. 철학의 눈으로 본 《자본론》을 쉽게 쓴 해설서는 그다지 눈에 띄지 않는다. 그렇다면 헤겔이나 스피노자 철학에 접근했던 방식처럼 그를 오늘의 시각에서, 그리고 우리의 시각에서 새롭게 쓰는 것은 어떨까? 그래서 지금도 많은 철학자들이 마르크스 철학에 대한 주석서를 쓴다.

10. **바젤**, 또는 근대의 허구를 선언한 니체 철학

개인적으로 고백하자면 나는 젊은 시절 니체 읽기에 매료된 사람이다. 그러나 지금은 니체 르네상스라고 불리는 철학 지도에 거품이 끼었다고 믿는다. 그러나 근대 철학 지도를 독해하는 데 싫든 좋든 칸트를 외면할 수 없듯이, 근대가 지나갔다고 믿는 새로운 철학 지도를 독해하는 데 있어서 니체를 비켜 나갈 수 없다고 생각한다.

이 책에서 우리는 니체 철학을 그의 초기 저작에 해당한다고 할 수 있는 《비극의 탄생》에 주로 초점을 맞췄다. 아마 새로운 철학 지도를 그리는 일에 흥미를 가진 이들은 상당히 미흡하다고 느꼈을 것이다. 그런 이들을 위해 니체 철학의 중기 이후 주요 저작을 촌평 없이 붙인다. 《시대에 맞지 않는 생각》(1876), 《인간적인, 너무나 인간적인》(1878), 《즐거운 학문》(1882), 《차라투스트라는 이렇게 말했다》(1883~1885), 《선악을 넘어서》(1886), 《도덕의 계보학》(1887), 《반 그리스도》(1888), 《에코 호모》(1888), 《니체 대 바그너》(1888). 그 밖에 니체의 누이동생 엘리자베스가 그가 세상을 떠난 뒤에 유고를 모아 출판한 《권력의 의지》가 있다.

11. **아테네**, 또는 현재의 거울로서의 그리스 철학

그리스 철학을 읽는 것은 마치 기독교도가 《성서》를 읽는 것과 비슷하다는 생각을 한다. 아주 오래전에 있었던 그때의 사실과 그때의 말을 해석하는 것이기 때문이다. 물론 당시 기록이 남아 있다. 그러나 그 당시에 기록했던 언어와 지금 우리에게 전해지는 언어는 복사기에서 원고를 복사하듯이 동일한 것이 아니다. 그래서 어떤 형식이든 해석이 필요하다. 어원적으로 보면 지금은 철학하는 방법 중의 하나인 '해석학'은 원래 성서 해석을 연구하는 데서 나온 것이다. 그래서 고대 철학을 읽는 데는 해석학과 고고학적 방법이 원용되어야 한다.

다행스럽게도 우리에게는 플라톤이 기록한 소크라테스의 철학이 상당 부분 전해지고 있다. 흔히 《대화편》이라고 부르는 책이 그것이다. 그 중에서 가장 유명한 것이 소크라테스가 법정에서 진술한 《소크라테스의 변명》과 플라톤이 말년에 소크라테스의 입을 빌려서 이상 국가를 꿈꾼 《국가론》일 것이다. 소크라테스가 플라톤의 손을 빌려서 남긴 철학, 또는 플라톤이 소크라테스의 입을 빌려서 기록한 《대화편》은 재미있다. 중세 또는 근대 철학에 나타나는 현학적인 철학 용어가 등장하지 않아 일단 편하게 접근할 수 있다. 사실상 서양 철학은 《대화편》에서 시작되기 때문에 필독을 강력하게 권한다.

12. **로마로 가는 길**, 또는 서양의 사고 틀을 만든 중세 철학

1천 년 중세 철학에는 두 개의 큰 이정표가 있다. 첫 번째는 아우구스티누스의 《고백록》이고, 두 번째는 토마스 아퀴나스의 《신학 대전》이다. 본문에 각각의 책에 대한 성격과 읽는 요령까지 팁으로 적었기 때문에, 여기에서는 문자로 기록되지 않은 또 하나의 생각의 틀에 대한 이야기만 덧붙인다.

그것은 전설 또는 신화라고도 불리는 게르만 민족의 생각의 틀에 관한 것이다. 또 게르만 민족에 쫓겨서 유럽의 서북부, 지금의 스코틀랜드와 아일랜드, 그리고 프랑스 노르망디 지방에 정착한 켈틱족의 사고의 틀도 함께 이야기할 수 있을 것이다. 한때 니체가 열광했던 바그너 음악극은 게르만 신화를 형상화한 것이다. 〈트리스탄과 이졸데〉가 그렇고 〈니벨룽겐의 반지〉가 그렇다. 우리가 살고 있는 이 시대의 최대 베스트셀러로 꼽히는 조 앤 롤링이 쓴 팬터지 동화 《해리 포터》는 켈틱 신화가 그 밑바탕을 이룬다. 물론 《해리 포터》에 큰 영향을 준 톨킨스의 《반지의 제왕》 또한 켈틱 신화를 형상화한 작품이다. 이러한 핏줄에 기초한 사고를 문자 시대의 용어로 규정한 것이 낭만주의라고 말하면 큰 비약일까? 일찍이 러셀은 《서양 철학사》를 쓸 때 낭만주의를 계몽주의의 대척점에 놓았다.

근대의 시대가 막을 내리고, 탈근대의 시대가 온다거나 또는 이미 왔다고 진단하는 이들은 낭만주의의 도래를 이야기한다. 우리가 이번 생각의 역사에서 빼놓은 결정적인 대목이 있다면 바로 이 핏줄의 역사다. 우리가 다시 한번 유럽 철학 여행을 떠난다면 이번에는 이 대목을 크게 부각하고 싶다.

찾아보기

Subject Index